产业转移的路径与经济影响研究

胡红斌 著

中国商业出版社

图书在版编目(CIP)数据

产业转移的路径与经济影响研究 / 胡红斌著. -- 北京 : 中国商业出版社, 2024.5

ISBN 978－7－5208－2906－9

Ⅰ. ①产… Ⅱ. ①胡… Ⅲ. ①产业转移－研究 Ⅳ. ①F264

中国国家版本馆 CIP 数据核字(2024)第 094179 号

责任编辑:朱丽丽

中国商业出版社出版发行

(www.zgsycb.com　100053　北京广安门内报国寺 1 号)

总编室:010－63180647　编辑室:010－63033100

发行部:010－83120835/8286

新华书店经销

北京虎彩文化传播有限公司印刷

*

787 毫米×1092 毫米　16 开　7.75 印张　132 千字

2024 年 5 月第 1 版　2024 年 5 月第 1 次印刷

定价:45.00 元

* * * *

前　言

随着全球化进程的加速和区域一体化的深入发展，产业转移成为一种不可逆转的现象。它不仅涉及生产要素的重新配置，而且牵动着地区经济的起伏和全球产业格局的重塑。产业转移的路径多种多样，可以是单个企业基于成本、市场等因素的战略调整，也可以是多个产业在国家或地区间的整体迁移。这一过程对全球经济体系产生了深远的影响。因此，深入研究产业转移的路径及其经济影响，对于理解全球化背景下的经济发展以及指导区域经济的战略规划具有重要的理论与实践意义。

本书从产业转移的基本概念入手，探讨了产业转移的机制、产业转移的路径，介绍了产业转移的路径选择与优化，并对产业转移的经济影响进行了深入研究。希望本书能够在产业转移的路径与经济影响方面为读者提供帮助！

本书主要汇集了笔者在工作、实践中取得的一些研究成果。在撰写过程中，笔者参阅了相关文献资料，在此，谨向其作者深表感谢！

由于笔者水平有限，加之时间仓促，书中难免存在一些不足和疏漏，敬请广大读者批评指正。

胡红斌

2024 年 3 月

目　录

第一章　产业转移的基本概念

第一节　产业转移概述

一、产业转移的定义

（一）产业转移的基本概念

产业转移是指由于受各种因素的影响，生产、制造等产业活动从一个地区转移到另一个地区的过程。在全球化以及市场化背景下，产业转移已成为一个普遍且不可避免的现象。产业转移的本质是企业为了寻求更好的资源、市场和降低成本等而进行的战略性决策，其目的在于实现产业布局的优化和经济效益的最大化。

产业转移的基本概念包括两个方面：一是产业的转移，即产业活动的地域性变化；二是转移效应，即产业转移对利益相关方、地区经济和产业整体结构的影响。产业转移并非简单地将生产厂家从一个地区搬迁至另一地区，而更多的是在全球经济发展、资源配置和市场变化等因素的影响下产业活动的重组和重塑。

（二）产业转移的分类

1. 根据产业转移的目的进行划分

产业转移按照目的可以大致分为市场因素导致的产业转移和成本因素导致的产业转移两大类。前者是指由于市场需求发生变化或者新兴市场崛起，企业为了更好地满足市场需求而进行产业转移；而后者则是指由劳动力成本、土地成本、税收政策等因素导致的产业转移。市场因素导致的产业转移往往是因为企业希望拓展市场份额或者获得更高的利润空间，而成本因素导致的产业转移则是因为企业想要降低生产成本，提高竞争力。

2.根据转移的产业类型进行划分

产业转移按照产业的性质和特征可以分为制造业产业转移、服务业产业转移、高新技术产业转移等。不同类型的产业转移会对经济结构和产业布局产生不同的影响，如制造业产业转移可能会对就业结构和城市发展产生较大的影响，高新技术产业转移则可能会对技术创新和经济增长产生积极的推动作用。

3.根据转移的地域进行划分

产业转移按照转移的地域可以分为国际产业转移和国内产业转移两大类。国际产业转移通常涉及不同国家和地区之间的产业布局调整，涉及国际贸易、投资和政策等因素，而国内产业转移则更多地受到国内经济发展情况、区域发展差异等因素的影响。产业的地域转移对于不同区域的经济发展和产业升级具有重要意义，有助于优化资源配置、促进产业结构升级和提升产业竞争力。

（三）产业转移的形式

1.跨国或跨境的生产要素移动

产业转移的形式中，较为普遍的是企业通过跨国或跨境的方式进行生产要素的移动。这意味着企业将生产、制造甚至服务等业务从一个国家或地区转移到另一个国家或地区。这种形式的产业转移通常是为了利用目的地的优势资源，包括廉价劳动力、市场需求、税收优惠等，以提高生产效率和降低生产成本。

2.跨地域划分业务范围与调整职能范围

跨地域划分业务范围与调整职能范围常常是为了更好地适应市场需求的变化或提高竞争力。企业会将不同的业务板块或职能分布于不同的地区，以实现资源优化配置和市场服务定位。通过这种形式的转移，企业能够更加灵活地应对市场变化和需求调整。

3.跨行业资源配置的变动

企业在进行产业转移时，可能会选择将原本集中在一个行业内的资源，如人才、技术、资金等，逐步转移到其他相关或不相关的行业领域。这种形式的转移有助于促进产业结构多元化发展和提高资源利用效率。

二、产业转移的目的

(一)提高经济效益

产业转移可以为企业带来新的市场机遇和资源配置，进而促进企业提高效益。

首先，通过产业转移，企业可以更加灵活地适应市场需求的变化，进而降低生产成本，提高生产效率。这种灵活性的调整可以使企业更具竞争力，从而获得更多的利润。

其次，产业转移可以促进技术创新和产业升级。企业进行产业转移时，通常会引入新的技术和管理经验，推动企业生产方式的更新和优化，从而提高整体经济效益。

最后，产业转移可以带动相关产业链的发展，形成产业聚集效应，提高整个地区的经济效益。通过产业转移，企业可以实现规模效益的扩大，进而带来更多的经济效益和发展机会。

(二)优化产业结构

优化产业结构可以带来诸多好处，如提高产业整体的竞争力、促进产业升级和转型。

首先，优化产业结构，可以实现不同产业之间的协同发展，从而形成一个更加完善的产业体系。这种协同发展可以促进各个产业之间资源共享和互动，提高整体经济效益，并带动相关产业的发展。

其次，优化产业结构可以促进产业结构的多元化和均衡发展，避免产业之间过度竞争和资源浪费。这有利于提高整个产业体系的韧性和可持续发展能力，在市场发生变化时更具适应性。

此外，优化产业结构也有利于提升产业的创新能力和技术水平。调整产业结构，可以引入更多高科技产业和新兴产业，促进产业创新动力的释放和技术进步的加速。这将有助于提高整个产业体系的竞争力，推动产业发展向更高端、更高附加值方向转变。因此，优化产业结构，可以对产业转移产生更为全面和深远的影响，推动产业更加健康、可持续发展。

（三）优化资源配置

优化资源配置意味着将生产要素合理配置到不同的地区、行业或企业中，以最大化提高资源利用效率、生产效率和降低生产成本。

首先，产业转移可以实现资源的跨区域流动和集中配置，使资源得以在不同地区之间充分流动和优化配置，从而最大限度地提高资源利用效率。

其次，产业转移可以促进不同地区之间产业的分工和协作，实现资源的有序流动和互补配置，从而协调各地资源，推动产业链整体升级。

再次，产业转移可以促进资源的集中利用和优化配置，使资源得到更有效的利用和更高效的循环利用，这有利于节约资源、减少浪费，提高资源利用效率和可持续发展水平。

最后，产业转移可以促进资源优化配置的政策体系建设和制度环境改革，为企业和地区提供更加优质的资源配置服务和更具竞争力的资源支持，实现资源高效配置和可持续发展。

三、产业转移的一般规律

（一）产业转移的阶段性规律

产业转移往往先经历起步阶段，这个阶段的主要特征是逐渐形成对新兴市场的认知和兴趣以及探索适合发展的新区域。在这个阶段，企业可能会进行初步的市场调研和尝试性的投资。

随着企业对新市场的熟悉和信心的增强，产业转移将进入扩张阶段。在这个阶段，企业可能会加大投资力度，拓展生产规模，并逐渐建立稳定的生产基地。进而，在产业转移的发展过程中，一些地方反应较快，出现具有优势的局部特色，可能会出现区域集聚现象。

随着时间的推移和市场环境的变化，产业转移会进入调整阶段，企业会根据市场需求和成本考量等因素调整产业布局，甚至可能重新选择转移目标。

这些阶段性规律的存在提醒着我们，产业转移并非一蹴而就的单一过程，而是一个分阶段、因地制宜的发展过程。企业在进行产业转移时，应该结合自身发展阶段和市场环境变化，审慎制定转移策略，避免盲目跟风或过度投资。同时，政府相关部门也应关注产业转移不同阶段的特点，提供政策支持和引导，促进产业转移有序进行，实现经济效益最大化和可持续发展。

（二）产业转移的地域性规律

地域性规律指的是产业转移在不同地域间所呈现出的一些共性和特殊性。

首先，地理位置是影响产业转移的关键因素之一。有些地区由于交通便利、自然资源丰富或政策支持等因素，更具吸引产业转移的优势。

其次，人口分布和劳动力成本是产业转移重要的考量因素。人口密集地区通常能够提供丰富的劳动力资源，从而吸引更多产业向该地区迁移。

最后，市场需求和消费水平对产业转移的地域选择有较大影响。一些发达地区及时提供了更广阔的市场和更高水平的消费需求，成为产业转移的首选。同时，一些新兴市场地区也因其巨大的消费潜力吸引着更多的产业资源。

（三）产业转移的行业性规律

产业转移往往伴随行业结构的调整与变迁。在不同的时期，不同的行业会呈现出不同的转移趋势和特点。

1.技术驱动

随着科技的发展和进步，一些新兴的高科技产业可能会更倾向于转移到技术创新水平更高、研发资源更加集中的地区，以实现技术交流与合作，推动产业升级与发展。

2.市场需求的变化

随着全球市场竞争的加剧和国际经济环境的变化，一些传统产业可能会因为市场需求的下降或者新兴市场的崛起而选择转移。例如，随着绿色环保理念的普及和推广，一些高污染、高耗能的传统产业可能会逐渐向环保产业或清洁能源产业转移，以符合市场需求，顺应发展趋势。

3.政策因素

政府的产业政策、贸易政策、环保政策等都会对不同行业的转移产生影响。政策的引导和支持会促进一些特定行业的发展和转移，同时也会抑制或者限制某些行业的发展。因此，在研究产业转移的行业性规律时，需要综合考虑技术、市场、政策等多方面因素的影响，以更好地理解产业转移的发展趋势和规律，为产业升级与转型提供参考依据。

（四）产业转移的环境性规律

产业转移的环境性规律主要涉及环境的质量、资源的可持续利用以及对生态环境的保护与治理。在全球化竞争激烈的背景下，对环境友好型产业的呼声日益高涨。越来越多的企业开始关注环境保护问题，寻求资源效率更高、排放更清洁的生产方式，以适应社会对环保的要求。

产业转移的环境性规律体现在资源的可持续利用上。随着全球资源稀缺性的逐渐显现，企业需要寻求可持续发展路径。转移产业到资源丰富的地区，不仅可以有效降低生产成本，还能够更好地利用当地的资源优势，实现生产效率的提高。

产业转移的环境性规律要求重视对生态环境的保护与治理。过去，产业转移常常伴随环境恶化和生态破坏；但现在，随着环保意识的逐渐增强，企业在进行产业转移时更多地考虑到环境问题。一些国家和地区也出台了严格的环保政策，要求企业在进行产业转移时必须遵守相关环保法规，做好环境风险评估，确保生产过程对环境的影响最小化。

四、产业转移的影响

（一）产业转移对区域经济的影响

产业转移会对原产业所在地区的经济结构和产业布局产生显著影响，使该地区的产业结构面临调整和重组的挑战。新兴产业的发展和老旧产业的淘汰可能导致原地区经济的发展模式发生转变，需要采取相应措施以促进经济结构升级和转型。

产业转移会对区域经济的就业情况产生直接影响。随着产业的转移，原来依赖于传统产业的就业岗位会减少，而新兴产业会提供更多的就业机会。因此，在产业转移过程中，需要重点关注就业问题，确保原地区经济中受到影响的劳动力能够顺利转岗就业，避免出现就业压力过大的局面。

产业转移还会对区域经济的发展产生长远影响。通过引入新产业和技术，转移地区可以获得经济结构的优化和产业的升级，促进当地经济稳定增长。同时，产业转移也有助于推动区域间的经济协调发展，促进资源优化配置和产业协同发展。因此，产业转移除了考虑对区域经济的短期影响，还需要考虑其在长期发展中的作用和意义。

（二）产业转移对产业结构的影响

产业转移通常会导致不同地区产业结构的重新调整和优化，从而影响整个国家乃至全球的产业布局。

第一，产业转移可能会导致原先发达地区的传统产业日趋式微，而新兴地区则可能会迎来新的产业兴起和发展。这种转变会加剧全球产业分工的重组，形成新的产业链和价值链。

第二，产业转移可能会导致原先专业化程度较高的产业向多元化发展，促进产业结构的多样化和复杂化。这对于提高整体经济的抗风险能力和可持续发展能力具有积极意义。

第三，产业转移可能会推动技术创新与产业升级，促使企业加大研发投入，不断提高产品质量和技术含量，从而增强产业竞争力，带动整体经济朝着更为高端、智能化方向发展。

（三）产业转移对环境的影响

随着产业向不同地区的转移，环境问题往往成为人们关注的焦点。

第一，产业转移可能会导致环境污染加剧。随着生产过程转移到新地区，可能存在环境管理不规范、环保设施不完善等问题，导致污染物排放增加，给当地环境带来压力。

第二，产业转移可能会造成资源的过度利用。在追求经济效益的同时，某些企业可能忽视对环境资源的保护，导致资源消耗速度加快、环境破坏加剧。

第三，产业转移可能会改变当地的生态平衡。原本平衡稳定的生态系统可能会因产业的进驻而遭受破坏，影响生物多样性和生态环境的稳定性。

第四，产业转移对环境的影响体现在气候变化和全球环境问题上。随着全球化的推进，产业转移带来的碳排放、能源消耗等问题影响着全球的气候变化和环境保护。

（四）产业转移对就业的影响

产业转移通常伴随生产要素的重组和重置，这会直接影响到各地区的就业结构。产业向新兴地区转移，会带动当地企业的发展和扩张，创造更多的就业机会。这在一定程度上可以减轻城市就业压力，促进就业机会均衡分布。

产业转移会对劳动者的职业选择和技能需求产生影响。随着产业结构的调整和转移，一些产业工人可能会因技能不足而失业，但同时这也会促使劳动者不断提升自身技能以适应新产业的需求。这种对就业者个体来说挑战和机遇共存的情况，需要政府和企业共同努力来提供培训和转岗服务，以减少因产业转移而导致的就业不稳定性。

产业转移还会带来社会结构的变化。产业迁移可能会造成一些地区或产业的相对衰退，从而影响到该地区的就业机会和经济发展水平。为了有效应对这种变化，政府需要采取相应的政策措施，如引导产业结构优化升级、促进就业创业等，以保障就业市场的稳定和良性发展。

五、产业转移的意义

（一）产业转移对经济发展的意义

产业转移能够推动不同地区之间产业结构的优化调整，形成产业分工协作，提高全国经济总量和效率。产业转移可以促进资源的有效配置和利用，实现各地资源要素的优势互补，推动产业链的延伸和完善，进而增强整体经济活力。产业转移还有助于拓展市场空间，促进市场竞争和消费需求升级，拉动经济增长。在全球化背景下，产业转移更是加速了经济全球化进程，提升了国家整体竞争力，推动了世界经济发展。

（二）对产业升级的意义

产业升级是指企业通过提高技术水平、改善产品质量、提高附加值等方式，从低附加值、低技术密集度的产业向高附加值、高技术密集度的产业转变的过程。产业升级的意义在于推动产业结构升级、提高产业附加值、增强产业竞争力等。

产业转移促进了原有产业向更具市场竞争力的新兴产业转变。新兴产业往往具有更高的技术含量、更高的附加值以及更广阔的市场空间，产业升级可以提高企业在全球市场中的竞争力。产业升级还可以引领整个经济结构朝着更具竞争力和创新性的产业方向发展，推动经济持续增长。

产业转移对提高产业附加值具有重要意义。随着产业升级，企业生产的产品将更具科技含量、创新性和附加值，从而提高整体产业的竞争力和盈利能力。高附加值的产品不仅能够创造更多的利润，还能够提高国家经济的整体水平，助推国家进入更高层次的产业发展阶段。

产业升级有助于增强企业竞争力。在全球化竞争日益激烈的背景下，企业只有不断提高自身核心竞争力才能在市场竞争中立于不败之地。通过产业升级，企业可以不断引进新技术、新产品，提高自身的创新能力和市场适应能力，从而在激烈的市场竞争中立于不败之地。

(三)产业转移对区域均衡发展的意义

产业转移不仅仅是企业自身的转移，更是资源要素在不同地区间的重置和流动。在这个过程中，区域之间的经济差异和发展不平衡问题得到缓解，有利于实现区域经济的均衡发展。产业转移可以促进不发达地区的经济发展，为这些地区带来更多的就业机会和经济增长点。通过产业转移，发达地区能够调整产业结构，实现经济的良性发展。产业转移往往是促进区域均衡发展的一个有效的策略和手段。同时，产业转移也有助于减轻发达地区的资源环境压力，降低能源消耗和环境污染。因此，产业转移对区域均衡发展的意义在于实现资源要素的优化配置、经济的协调发展以及环境保护的可持续发展。产业转移是推动区域均衡发展的有效路径，对整体经济和社会的发展具有深远的意义。

(四)对环境保护的意义

1. 有助于降低对传统工业区环境的污染程度

随着产业的转移，原有工业区的污染物排放将减少，有助于改善当地环境质量。新兴产业的引入和发展可以促进绿色技术的应用和推广，推动环保产业兴起。这将有助于改善整个工业体系的生态环境，为环保产业的发展提供更为有利的条件。

2. 有助于优化资源配置，减少环境资源过度消耗

随着产业向资源丰富的地区转移，资源配置更加合理，避免了由于资源过度开采而导致的破坏性环境问题。产业转移可以实现对资源的有效利用和保护，为环境的可持续发展提供支撑。

3.有利于推动绿色发展理念的普及和实践

在产业转移过程中，环保成为发展的必要条件和考量因素，促使企业加大环境保护投入力度，积极采取绿色生产方式。这将有助于形成绿色经济发展模式，推动环境保护与经济发展实现良性循环。

第二节　产业转移的理论基础

一、比较优势理论

（一）比较优势理论概述

比较优势理论最早由英国经济学家大卫·里卡多提出，其核心思想是各国或各地区应该专注于生产其相对优势产品，将其出口至其他地区，以获取更大的利润。这一理论的基础是认为每个地区生产某种产品的成本和机会成本是有差异的，因此应当利用这些差异性来实现贸易合作的互利互惠。比较优势理论主张各国应该依靠自身的生产优势，通过进一步的专业化和分工，提高生产效率，从而实现经济的快速增长和贸易的发展。

比较优势理论也认为，贸易能够使各国在生产上实现更高效率，并通过专业化生产实现更高利润，从而进一步发展产业。在全球范围内，比较优势理论也体现了国际分工的重要性，通过不同国家或地区间的资源优势和生产因素的差异性，实现生产要素的合理配置和互相补充，推动国际贸易繁荣发展。比较优势理论不仅引导了国际贸易实践，也为产业转移提供了重要的理论依据和指导。在当前全球化大背景下，比较优势理论依然具有重要的指导意义，对于促进各国经济的协调发展和国际贸易的加强有着积极的作用。

（二）比较优势理论与产业转移的关系

比较优势理论通过比较各国在不同产品生产上的机会成本，揭示了国际贸易产生的动因。在全球化背景下，比较优势理论逐渐被应用于解释产业转移现象。产业转移是指生产要素从一个地区向另一个地区转移的现象，其背后的原因复杂多样，而比较优势理论则为我们带来了一种新的视角。

比较优势理论强调不同国家、地区在生产上的优势差异，从而为产业转移提供了理论支持。在全球化经济中，资源要素的跨国流动加速了产业的转移，而比较优势的存在使得产业有机会在国家之间进行重置。分析各国在不同产业上的优势和劣势，可以更好地理解产业转移的动因和方向。

比较优势理论有助于解释产业转移的地理分布规律。根据比较优势理论，当一个地区在某一产业上拥有相对优势时，该产业更有可能在该地区发展壮大。这也可以解释为什么一些产业在转移到其他地区时更倾向于选择特定的目的地。比较优势理论的引入，为我们解释产业转移背后的地理选择提供了一种新的视角。

比较优势理论在实践中的应用进一步拓展了其与产业转移之间的关系。通过实证研究，我们可以发现在世界范围内，比较优势理论可以解释产业转移现象的部分规律，帮助政府和企业更好地应对产业转移带来的挑战和机遇。在实践中，将比较优势理论与产业转移结合起来，可以更好地把握全球经济的变化趋势，实现可持续发展目标。

（三）比较优势理论在产业转移中的应用

在实际应用中，比较优势理论帮助我们理解不同国家或地区在特定产业领域中的优势和劣势，进而指导产业的转移和布局。

首先，用于强调国家或地区在资源配置和生产效率上的差异。通过比较各个地区生产某种产品的成本和效率，我们可以发现哪些地区更适合发展该产业，并且可以根据各地的优劣势来转移和合理布局产业。这种基于比较优势的产业布局方式，可以有效提高整体产业效率，促进不同地区产业协同发展。

其次，用于指导产业结构的升级和调整。当一个地区在某个产业上具有明显的比较优势时，该地区可以逐步发展相关产业链条，吸引更多的投资和资源，实现产业的升级和增值。同时，那些在特定产业领域并不具备比较优势的地区，可以考虑通过技术转移、人才引进等方式来提升自身竞争力，实现产业结构的调整和优化。

二、产业生命周期理论

（一）产业生命周期理论概述

产业生命周期理论的基本观点是一个产业从成立到消亡会经历不同的阶段，

包括初创阶段、成长阶段、成熟阶段和衰退阶段。这些阶段具有各自特定的特征和发展规律。

在产业生命周期的初创阶段，企业面临创新和市场竞争的挑战，需要不断地投入资源来开拓市场和建立品牌。随着产业的发展，进入成长阶段，市场开始扩大，企业逐渐实现规模经济和技术进步，产业开始迅速增长。随后进入成熟阶段，市场逐渐饱和，竞争加剧，市场增长放缓，企业需要通过创新和差异化来维持竞争优势。最终，产业进入衰退阶段，企业面临消亡风险，需要转型或退出市场。

产业生命周期理论指出，产业在不同阶段具有不同的竞争条件和发展机遇。这一理论对于产业转移具有重要的启示。在产业转移过程中，原先的生命周期阶段可能会随着转移而改变，企业需要根据不同阶段的特征和发展趋势来调整战略和资源配置。同时，产业生命周期理论也为产业转移提供了一种框架分析工具，帮助我们理解不同地区产业转移的动因和影响因素。

（二）产业生命周期理论在产业转移中的应用

产业生命周期理论指出，产业向新兴市场和发展中国家转移是一个普遍现象。随着发展中国家经济实力的增强，加之劳动力成本优势，许多跨国公司开始将生产基地从发达国家转移到发展中国家。这种产业转移的背后，往往是成本优势和市场需求的变化。例如，中国作为制造业大国，在全球产业转移中扮演着重要角色，吸引了大量外资和制造业转移，推动了中国经济快速发展。

产业生命周期理论可以帮助企业预测产业发展趋势，制定相应的战略。通过对产业不同阶段的特点和挑战的深入了解，企业可以及时调整自身的战略布局，把握产业发展机遇。同时，产业生命周期理论也提醒企业要时刻保持创新意识，不断提升自身的竞争力，避免被市场淘汰。

三、竞争优势理论

（一）竞争优势理论概述

竞争优势理论主张企业在市场竞争中取得优势，从而实现持续竞争力和利润最大化。该理论的核心思想是企业通过提供有竞争力的产品或服务，并在资源配置、生产技术、市场营销等方面具备优势，从而在市场中获取更多利润。竞争优势理论强调的是企业在市场上的相对优势，而非绝对性的竞争优势。

在全球化背景下，竞争优势理论不再局限于国内市场，而更多地涉及国际市场竞争。随着全球化程度的不断加深，企业间的竞争越发激烈，要想在国际市场立于不败之地，就必须拥有明显的竞争优势。这种竞争优势不仅包括产品技术、品牌知名度等传统因素优势，还包括人才、管理制度、全球供应链等多方面因素的综合优势。

在产业转移背景下，竞争优势理论对于企业决策具有重要的指导意义。随着全球产业结构的调整和发展模式的不断演变，企业需要根据自身的竞争优势来决定是否进行产业转移，以及如何有效地进行产业转移。竞争优势理论强调企业核心能力的培养和利用，只有不断提升自身的竞争优势，企业才能在产业转移中保持竞争力和盈利能力。

(二)竞争优势理论与产业转移的关系

竞争优势理论主要强调企业在市场竞争中所具备的独特竞争优势和核心竞争力，这些优势有可能对产业发展产生深远影响。通过不断提升自身竞争实力和核心技术，企业可以在全球市场中获取更多的市场份额和利润。

竞争优势理论与产业转移之间存在密切联系。随着全球化进程的不断加深，企业在追求更高利润和更大市场份额的同时，往往会面临来自国内外竞争对手的挑战。在这种情况下，企业会寻求通过产业转移来获取更多的竞争优势，如降低生产成本、提高产品品质、拓展销售渠道等。因此，竞争优势理论为产业转移提供了理论基础和指导方针。

四、国际生产折中理论

(一)国际生产折中理论概述

国际生产折中理论是一种关于企业全球化生产决策的理论框架，它强调企业在进行生产决策时需要权衡不同国家和地区的生产要素成本、市场需求、政策环境等因素。该理论认为企业在选择生产地点时，通常会考虑全球范围内生产要素的优势和劣势，以实现生产成本最小化和利润最大化。国际生产折中理论的核心思想是企业在全球范围内寻找生产要素的最佳组合，从而实现最佳的生产效率和竞争优势。

国际生产折中理论强调，企业需要考虑不同国家和地区的劳动力成本、原材料价格、技术水平、税收政策、市场规模等因素。通过对这些因素进行综合评估和比较，企业可以选择最优的生产地点来实现生产成本最小化和效率最大化。同时，国际生产折中理论也强调企业在全球范围内建立生产网络和供应链，以便更好地利用不同地区的生产要素，提高生产灵活性和市场响应能力。

（二）国际生产折中理论与产业转移的关系

国际生产折中理论是指企业在选择生产地点时，在国内和国际之间权衡各种因素，如成本、市场需求、政策环境等，以寻求最优的生产布局。该理论认为，企业会考虑在国际上进行生产折中，即在全球范围内选择最适合生产的地点，而不是只考虑单一国家的条件。在全球化经济背景下，企业之间的竞争变得更加激烈，国际生产折中理论的重要性越来越凸显。

与产业转移相关联的国际生产折中理论指出，企业在决定是否进行产业转移时，会综合考虑各个国家的优势条件。通过对不同因素的综合分析和折中，企业可以找到最适合自身利益最大化的产业转移路径。例如，某企业在考虑将生产基地从发达国家转移到新兴市场国家时，除了关注成本因素外，还会考虑新市场的政策支持、技术水平、人才储备等因素。这种综合性的决策过程体现了国际生产折中理论在产业转移中的重要作用。因此，国际生产折中理论为企业决策提供了有益参考，帮助企业更好地理解和应对产业转移的挑战。

国际生产折中理论对于促进产业转移具有积极意义。通过选择最适合的生产地点，企业能够降低生产成本、开拓新的市场、提升生产效率和竞争力。同时，国际生产折中也推动了不同国家之间的经济合作与交流，促进了全球产业结构的优化和协调发展。

五、新经济地理学

（一）新经济地理学概述

新经济地理学是一门跨领域学科，结合了经济学、地理学和城市规划等学科的知识，用以研究当今全球化背景下经济活动的空间组织和发展趋势。该学科关注的焦点在于理解和解释经济活动在地理空间上的分布模式，以及这些模式背后的驱动因素。新经济地理学强调了信息技术和网络经济对经济活动地理分布的影响，强调了经济活动的空间集中与分散的动态变化过程。

（二）新经济地理学与产业转移的关系

在新经济地理学与产业转移的关系方面，新经济地理学作为一门跨领域学科，强调了空间因素对经济活动的影响。产业转移作为一种经济现象，涉及产业布局、资源配置和市场规模等方面。新经济地理学从空间视角出发研究了经济活动在地理空间中的分布、演化和相互关系，对产业转移的影响机制进行了深入探讨。

在新经济地理学框架下，产业转移不再仅仅是单纯的跨地区搬迁，而是更多地与地理位置、产业集聚、交通网络等密切相关。新经济地理学指出，地理位置对于产业的生命周期和演化起着至关重要的作用。研究空间特征和地域间的相互作用，可以揭示产业转移的动态过程，为产业发展和政策制定提供有效的参考依据。

新经济地理学强调了知识、技术和人力资源等非物质要素在产业转移中的重要性。在全球化和信息技术快速发展的背景下，产业转移不再仅仅受限于传统的经济要素，更多地需要考虑到知识产权、创新能力和人才流动等因素。新经济地理学通过对这些非物质要素的研究，揭示了它们对产业结构调整和转移模式的影响，为制定产业政策和区域规划提供了新的思路。

（三）新经济地理学在产业转移中的应用

首先，新经济地理学强调地理位置、空间布局、区域差异对产业转移的影响。地理位置的独特性和区域资源的分布，将直接影响到产业的选择和布局。

其次，新经济地理学分析了全球化对产业转移的影响。随着全球化进程的加速，跨国公司在选择生产地时越来越考虑成本、市场和资源等因素，从而推动了产业的国际转移。

最后，新经济地理学强调了技术创新、人才会聚对产业集聚的重要性。在当今知识经济时代，技术和人才是产业转移的关键驱动力量，吸引技术和人才成为各地竞争的焦点。在新经济地理学理论的指导下，各国和地区应加强技术研发、人才培养，提升产业转移的竞争优势。

第三节　产业转移的驱动因素

一、成本因素

(一)人力成本

人力成本作为产业生产过程中的一项重要支出，直接影响着企业的运营决策和生产布局。在进行产业转移时，人力成本往往是企业关注的核心问题之一。

人力成本在不同地区存在明显的差异性。一方面，发达地区的人力成本通常较高，主要缘于劳动力市场供需关系的影响、工资规范的制定以及社会福利标准等综合因素；另一方面，相对欠发达地区的人力成本相对较低，这可能归因于劳动力市场的竞争程度较低、劳动力技能水平不同等多方面因素。因此，企业在进行产业转移时往往会根据不同地区的人力成本水平作出相应的决策。

人力成本的差异性会直接影响到企业的生产成本和竞争力。人力成本的增加会导致企业生产成本上升，从而影响到企业的利润水平和市场竞争力。因此，企业在考虑产业转移时必须综合考虑人力成本因素，并在人力成本相对较低的地区进行产业转移，以降低生产成本，提升竞争力。

人力成本的不稳定性是企业关注的焦点之一。在全球化竞争加剧的背景下，人力成本受多种因素影响，如劳动力市场的供需关系、政策调整、通货膨胀率等因素的波动，都可能对企业的生产经营产生不确定的影响。因此，企业在进行产业转移时必须充分考虑人力成本的稳定性，制定长远规划，以保障企业持续发展。

(二)原材料成本

原材料作为生产的基础，会直接影响企业的生产成本和竞争力。

1.原材料的稀缺性和价格波动性对产业转移起着重要作用

随着全球化的发展，原材料市场的供求关系更加紧张，原材料价格的波动直接影响企业的生产和经营成本。例如，国内某些原材料价格上涨可能会导致企业生产成本增加，从而加速产业转移。

2.原材料的质量和供应稳定性直接影响企业的生产效率和产品质量

在产业转移过程中，企业需要考虑原材料的采购渠道、质量和价格等因素。如果某个地区的原材料质量有保障且供应稳定，企业就可能选择将生产基地迁移到该地区，以降低生产成本和提高竞争力。因此，原材料成本不仅影响着企业的核心生产环节，还直接关系到企业的产业布局和战略选择。

3.原材料的环保性和可持续性逐渐成为产业转移的考量因素之一

随着环保意识的增强，越来越多的企业开始重视原材料的环保属性和可再生性。一些新兴产业将绿色原材料作为生产核心，以满足消费者的环保需求。因此，原材料成本将直接影响企业的可持续发展和市场竞争力。

（三）运营成本

在产业转移过程中，运营成本直接影响企业的盈利能力和竞争力。运营成本包括生产设备的运转、原材料的采购、生产人员的工资以及其他日常运营所需费用。这些费用的支出对企业盈利能力有直接影响。

随着市场竞争的加剧，企业需要不断提高效率，降低运营成本，以维持市场竞争力。故而，对于企业来说，有效控制运营成本具有重要意义。企业可以调整管理体制，提高管理效率，优化生产流程，节约成本，提高生产效率，从而增强自身在市场中的竞争力。企业还可以通过技术创新来降低运营成本，如引入自动化生产线、智能化生产设备等。这些举措不仅降低了人力成本，也提高了生产效率，有效降低了运营成本。

（四）投资成本

在考虑产业转移时，企业需要仔细权衡投资成本带来的影响。投资成本包括设备、基础设施建设、人力培训等多个方面，这些方面对企业的财务状况和未来发展至关重要。高投资成本可能会增加企业的运营风险，尤其是在新的地区或国家开展业务时，需要面对不同的政策法规和市场环境，这将进一步增加企业投资不确定性。除此之外，投资成本还涉及资金来源的问题，如何有效筹措资金、如何降低融资成本也是企业在产业转移过程中需要认真考虑的重要因素。

从另一个角度来看，投资成本也可以被视为企业在产业转移中的长期投资、战略决策。通过对投资成本的分析和评估，企业可以更好地规划未来发展路径，选择最适合的产业转移目的地，并采取相应的风险管理措施。在全球产业分工日益细化和产业链更加复杂的大背景下，合理控制投资成本是企业实现可持续发展的关键因素之一。

二、市场因素

（一）市场规模

在产业转移过程中，市场规模可以影响到企业的生产规模、销售空间和利润空间。市场规模越大，企业在市场上的生存空间就越大。在一个市场规模庞大的地区，企业可以更好地实现规模经济，降低生产成本，扩大销售规模，从而提高自身的竞争力。

庞大的市场规模可以为企业提供更多的销售机会，吸引更多的投资者进入市场，带动产业链完善和发展。同时，大市场也能够提供更多的消费需求，刺激企业创新和产品升级，进一步提高产业的竞争力和发展水平。

然而，市场规模过大也存在一定的风险。在市场规模庞大的地区，企业间的竞争会更加激烈，利润空间可能会受到挤压，对企业的生存和发展提出更高的要求。此外，大市场也可能会导致资源过度集中，产生行业垄断和资源浪费问题，影响产业可持续发展。因此，在产业转移过程中，企业需要综合考虑市场规模的影响，合理评估市场规模对企业发展的利与弊，制定相应的转移策略和发展规划，以应对市场规模带来的挑战和机遇。

（二）市场接近度

市场接近度指的是目的地市场与原生市场之间的相似度。当两个市场的相似度较高时，产业转移就更容易实现。一方面，市场接近度可以降低产业转移的风险和成本。由于两个市场特征相似，企业在新市场的交易规则、市场需求和消费习惯等方面具有较高的匹配度，可以更快地适应新市场的环境。另一方面，市场接近度可以促进技术和管理经验的跨地域转移。在相似市场中，企业可借鉴原生市场的成功经验和技术创新，使转移过程更为顺利。

市场接近度会对产业的竞争力产生重要影响。在市场接近度高的情况下，企业更容易吸引和保留原有市场的消费者群体，维持其竞争优势。此外，市场接近度高的新市场也更具吸引力，因为消费者对产品和服务的偏好可能更接近原生市场，从而减少企业的营销和推广成本。在市场接近度高的情况下，企业还可以更加精准地定位目标市场，并提供符合消费者需求的产品和服务，进一步增强其市场份额和品牌影响力。

（三）市场竞争状况

在产业转移过程中，市场竞争状况会直接影响企业的产业升级和发展方向。在市场竞争激烈的环境下，企业为了保持竞争力和寻求更大的发展空间，不得不考虑产业转移的可能性。市场竞争状况主要体现在价格竞争、产品竞争、服务竞争等多个方面。

在市场竞争激烈的情况下，企业往往会面临价格战压力。价格战会导致产品价格不断下降，企业利润空间不断受到挤压，这种情况下企业需要寻求新的成本优势以保持竞争力，而产业转移成为一种有效的应对措施。通过转移产业，企业可以降低生产成本，提高产品价格竞争力，从而在市场竞争中立于不败之地。

市场竞争状况在一定程度上反映了市场对不同产业的需求情况。随着市场需求的变化和多元化，一些产业在原有市场已无法满足消费者需求，而在其他市场却潜力巨大。因此，企业需要根据市场竞争状况及时调整生产方向，选择适合的市场进行产业转移，以实现更好的发展。

市场竞争对企业的发展速度和规模有着直接的影响。在竞争激烈的市场环境中，企业需要加大产品研发和营销投入力度，以应对激烈的市场竞争。如果企业发现自身在原市场难以有进一步突破，可以通过产业转移到新的市场寻求更大的发展空间，提高自身市场竞争力。

三、技术因素

（一）技术创新

技术创新是指通过引入新的技术、工艺或方法，企业在生产、管理以及其他方面取得新的突破和提升。在当前全球化竞争激烈的环境下，技术创新成为企业不可或缺的核心竞争力。技术创新可以帮助企业降低生产成本，提高产品质量，加快产品更新换代速度，增强市场竞争力。因此，技术创新直接影响产业转移的决策和实施。

技术创新带来了新的生产方式和生产工具，为企业提供了更高效、更灵活的生产能力。通过技术创新，企业可以借助先进的设备和技术手段，实现生产自动化，提高生产效率，减少生产成本。这有助于企业在面对成本压力时，通过技术创新来保持市场竞争力，甚至寻找新的市场。

技术创新会改变产品的设计、功能以及性能，满足不断变化的市场需求。随着科技的不断进步和消费者需求的多样化，企业需要不断推陈出新，提供具有竞争力的产品。技术创新可以帮助企业不断改进产品设计，增加产品附加值，以应对市场竞争。

在技术创新的推动下，企业还能够加强与其他企业、研究机构之间的合作与交流。技术创新需要广泛的资源共享和协作，通过技术合作与交流，企业可以获取更多的技术支持和资源，加快技术创新的步伐，提高产业转移的效率。

（二）技术熟练度

技术熟练度指的是参与生产的劳动者对相关技术的熟练程度和掌握程度。技术熟练度的高低直接影响到企业的生产效率和竞争力。一方面，技术熟练度高的企业能够更加灵活地应对市场需求的变化，提高产品质量和生产效率，从而在激烈的市场竞争中立于不败之地；另一方面，技术熟练度低的企业面临技术落后、产品质量差、生产效率低下等问题，难以在市场中立足。

技术熟练度对产业转移的影响主要体现在四个方面：首先，技术熟练度高的企业更容易吸引人才，促进人才流动和聚集，为企业的技术创新和发展提供有力支撑。其次，技术熟练度高的企业更有可能获得政府的支持和政策优惠，从而提升企业的竞争实力。再次，技术熟练度高的企业更容易实现技术合作与交流，加强与其他企业、研究机构的合作，共同推动产业发展和转移。最后，技术熟练度直接影响企业的技术标准与规范的执行水平，进而影响企业产品在市场中的地位和口碑。

（三）技术合作与交流

技术合作能够促进不同企业之间的资源共享和优势互补，加快技术传播与应用。通过技术合作，企业可以降低研发成本、提高创新效率，从而更好地适应市场需求。同时，技术合作也有助于加强产业链上下游之间的联系与协同，形成产业生态圈，推动整个产业发展与升级。

通过技术交流，企业可以及时获取最新的技术信息与发展动态，了解市场需求变化，从而调整自身技术战略，提高市场竞争力。同时，技术交流也是企业进行技术学习与拓展技术视野的重要途径，促进企业技术水平的提升与创新能力的强化。

(四)技术标准与规范

在产业转移过程中，技术标准的统一对于产业的交流与合作至关重要。在全球化背景下，不同地区的产业往往需要进行技术合作，而技术标准的一致性能够提高合作效率，降低沟通成本，推动产业跨地区迁移。

技术标准的规范化有助于提高产业的竞争力。通过符合国际规范的技术标准，企业可以更好地满足市场需求，提高产品质量，拓展市场份额，从而在产业转移中获得更大的竞争优势。

在产业转移过程中，技术标准与规范能推动产业转移可持续发展。制定和遵守技术标准，可以促进产业的绿色发展和可持续发展。例如，在环保标准方面，技术标准规范了产业的排放标准和生产过程，有利于减少环境污染，改善生态环境，推动绿色产业发展。此外，技术标准的规范化还可以降低产业转移风险。遵守一定的技术标准，能够降低生产过程中的质量控制风险，减少产业转移过程中的不确定性，保障产业迁移顺利进行。

四、政策因素

(一)宏观经济政策

1.货币政策

货币政策的稳定性和灵活性直接影响到企业的生产经营活动。在产业转移过程中，如果货币政策不够稳健，企业就可能面临通货膨胀或紧缩风险，从而影响到生产成本和投资计划。

2.财政政策

财政政策的方向性和力度将影响到企业的发展态势，包括税收政策、财政支出等方面的改革举措，对于促进产业转移和提升产业竞争力都具有显著的影响。

3.汇率政策

汇率的浮动直接关系到企业的出口竞争力和利润水平。一国货币的贬值或升值都将对产业结构和产业布局产生深远的影响，因此汇率政策的稳定性与灵活性是保持产业健康发展的关键。

(二)商业环境政策

商业环境政策涉及企业在运营过程中所面临的法律法规、税收政策等各项规定。一方面，良好的商业环境政策能够吸引更多的企业前来投资兴业，推动本地产业繁荣发展；另一方面，不利的商业环境政策则可能会阻碍企业的发展，甚至导致产业撤离与转移。

在考察商业环境政策对产业转移的影响时，需要关注政府在这方面所采取的具体措施。

首先，政府是否出台了促进产业发展的激励政策，如减税降费，给予土地、资金等资源支持等。这些政策可以大大降低企业运营成本，提高经营效益，从而增强企业留在当地的动力。

其次，政府是否创建了公平的市场竞争环境，加强市场监管力度，打击不正当竞争行为。这有助于确保企业在公平的竞争环境下运营，提高竞争力，增强其在市场中的地位，减少产业转移的可能性。

再次，政府应该加大对企业创新、技术升级的支持力度，促进企业提升技术含量、加强创新能力，从而提高企业竞争力，使其更具吸引力，减少产业转移的动机。

最后，商业环境政策应该注重企业社会责任的履行，鼓励企业积极参与社会公益事业，促进企业与社会的良性互动。这不仅有助于企业树立良好的社会形象，也有利于企业与当地政府及社会的融洽，维护产业稳定，减少不必要的产业转移。

第二章　产业转移的机制

第一节　动力机制

一、技术差距机制

(一)技术差距的定义与衡量

技术差距通常被定义为不同的地区或企业在技术水平上存在的差异。衡量技术差距的常用方法包括对专利数据、科研成果发表量、技术人才数量等多方面指标的综合评估。

常见的衡量技术差距的方法是通过专利数据进行分析。专利作为技术创新的产物,反映了一个地区或企业在特定领域的技术实力和创新能力。分析专利的数量、质量以及技术领域的分布情况,可以客观地评估不同地区或企业之间的技术差距。另外,科研成果的发表量也是衡量技术差距的重要指标之一。不同地区或企业在国际学术期刊上发表论文的数量和质量反映了其在科学研究领域的地位和影响力,进而反映了其技术水平和创新能力。

除了以上方法,技术人才的数量和质量也是衡量技术差距的重要因素。技术人才是技术创新的核心推动力量,其在不同地区或企业的分布情况直接影响着技术差距的大小。对技术人才的数量、学历背景、研究方向等进行分析,可以全面地了解技术差距的具体状况。

(二)技术差距对产业转移的影响

技术差距的存在会促使企业选择将生产基地迁移至技术水平更为先进的地区,这种选择是出于追求效率和创新的考量,因为技术领先的地区通常拥有更好的研发条件和技术支持,从而可以提高企业的生产效率和竞争力。

在产业转移过程中,技术差距也会导致产业结构进行调整与优化,技术先进的产业在转移过程中往往更容易找到适合自身发展的环境和资源,从而促进相关产业集聚与发展。

在产业转移过程中，技术差距还会影响人才流动和知识转移。技术水平较高的地区往往会吸引更多的人才和知识资源，这进一步加速了产业转移的过程。因此，技术差距对产业转移的影响不仅体现在企业的聚集与迁移上，还体现在整个产业格局的演变和发展方向上。

二、产业类型机制

（一）产业类型与其特性

产业类型主要可以依据产业的产品特征、市场需求、生产要素等方面来划分。根据不同的特性，产业可以被归类为传统产业、新兴产业、服务业等不同类型。每种产业类型都具有其独特的特性和发展规律。

传统产业通常具有成熟的技术和市场需求，生产要素相对稳定，发展速度较慢。这类产业往往在产业结构中占据较大比重，对当地经济发展起着重要作用。而新兴产业则具有高成长性和创新性，通常受到政府政策和资本市场的关注，对经济增长和技术进步有积极作用。服务业作为现代经济的重要组成部分，具有劳动密集型和市场灵活性等特点，对促进城市化进程和优化经济结构具有重要意义。

（二）产业类型对产业转移的影响

不同类型的产业具有不同的特性和发展趋势，因此它们对产业转移会产生不同的影响。

以劳动密集型产业为例，这类产业在发达国家往往受到成本上升和人工成本增加的影响，导致其转移至劳动力成本较低的地区或国家。这种转移虽带来了利润的增长，但也引发了一系列的社会问题，如失业率上升、劳动力市场不稳定等。

与之相对应的是技术密集型产业，这类产业在转移过程中更加注重技术创新和人才储备。因此，技术密集型产业的转移往往受到技术水平和人才储备等因素的制约。对于发展中国家而言，吸引和稳定这类产业的转移，需要提升自身的科研水平和人才培养机制。

在全球化背景下，跨国公司和全球价值链的发展也对产业类型产生了深远的影响。在跨国公司的引导下，一些高附加值产业逐渐向发展中国家转移，从而为当地经济提供了发展契机。但在此过程中，当地政府和企业需要在技术创新、人才培养等方面进行积极投入，以确保产业转移的可持续性。

三、创新能力机制

（一）创新能力的定义与衡量

创新能力指的是一个企业或地区在技术、产品、管理等方面创造新知识、新产品或新服务的能力，是企业持续竞争优势的来源。创新能力包括技术创新能力、管理创新能力、市场创新能力等多个方面。

在衡量创新能力时，研究者通常会采取多种指标和方法。其中，技术创新指标是衡量企业技术创新水平的重要依据，包括专利数量、论文发表情况、科研投入比例等。管理创新指标则主要考察企业的管理体系、组织结构、人才培养等方面的创新情况。市场创新能力则关注企业在市场开拓能力、产品创新能力以及市场营销策略等方面的创新表现。

衡量创新能力不仅仅是对企业自身能力的考量，更是对产业整体创新生态环境的评估。一个拥有较高创新能力的企业或地区往往能够吸引更多创新型企业，形成良性的产业创新生态系统。因此，在产业转移研究中，正确理解和衡量创新能力对于揭示产业转移的动力机制以及产业升级路径具有重要意义。

（二）创新能力对产业转移的影响

不同地区的创新能力水平将直接影响产业转移的方向与速度。创新能力主要体现在企业技术研发能力、产品创新能力、管理创新能力等方面。一方面，创新能力强将使本地企业在市场竞争中更具优势，提高其在产业转移过程中的地位。另一方面，缺乏创新能力的地区则可能错失产业转移带来的机遇，甚至面临产业衰退的风险。

研究表明，创新能力较强的地区更有可能吸引来自外部的投资和人才流入，进而促进本地产业结构升级和转型。这种创新能力对产业转移的影响体现在两个方面：一方面是吸引力效应，即创新能力强的地区会成为投资者和企业进行产业转移的首选地；另一方面是驱动效应，即本地企业的创新能力会推动其自身产业的发展，并通过积累技术和经验，促进产业转移加速。

四、本地企业所有权构成机制

（一）本地企业所有权构成的特性

本地企业所有权构成多样化，既包括国有企业、民营企业，也包括外资企业等不同类型企业。各类所有权企业在产业转移中发挥着不同的作用，相互之间形成一种互补关系，共同推动了产业结构的调整和优化。

本地企业所有权构成具有较高的稳定性和连续性。相较于外资企业的跨国性和流动性，本地企业在产业发展中具有更为深厚的根基和更长久发展的眼光。这种稳定性和连续性为本地企业在产业转移过程中的角色扮演提供了坚实的基础，使其更具可持续性和可塑性。

本地企业所有权构成还表现出一定程度的地域性特征。由于不同地区的经济发展水平、政策环境和市场需求各不相同，本地企业在所有权结构上也存在一定的差异。这种地域性特征决定了本地企业在产业转移中的定位和发展重点具有一定的区域性特色，为产业转移的有序进行提供了一定的支撑。

（二）本地企业所有权构成对产业转移的影响

本地企业所有权构成主要是指在产业转移过程中，本地企业的所有权结构和股东格局所展现出的特定特性。这种特性可能包括本地企业的所有制形式、控制权结构、企业家族的影响力等方面。不同的本地企业所有权构成特性可能会对产业转移产生巨大的影响。

本地企业所有权构成对产业转移路径的选择起着决定性的作用。通过对企业控制权的分析和比较，我们可以发现，不同的所有权结构往往会推动企业选择不同的转移路径。例如，家族控制企业可能更倾向于寻找稳定的产业转移目标，以便维护家族控制权；国有企业可能更倾向于寻求国家政策支持的领域进行产业转移，以获得更多资源。

本地企业所有权构成影响着企业的资源配置和利润分配。在产业转移过程中，企业会面临资源配置的必要调整，而所有权构成中不同股东的利益诉求往往会影响到资源的配置方式和利润的分配方式。比如，在家族企业中，家族成员可能更倾向于将资源配置在已有领域，而对新兴领域的投资意愿较低；在股东多元化的企业中，不同股东之间可能存在资源利益的博弈，影响资源的配置效率。

五、人力资本机制

(一)人力资本的定义与衡量

人力资本是指个体的知识、技能、经验和能力,它不仅包括受教育程度和技术水平,还涵盖了个体的健康、创造力、沟通能力等多方面因素。理论上,人力资本可以通过受教育程度、技术水平、工作经验等多个维度进行衡量。

1. 受教育程度

在当今知识经济中,受过良好教育的劳动者通常具有更强的学习能力、适应能力和创新能力。他们能够更好地适应产业转移的变化,提高整体生产效率,促进企业创新与发展。

2. 技术水平

技术水平反映了个体的专业技能和实际操作能力,高技能劳动者往往能够更好地适应新的产业环境,提高生产效率,推动产业升级和转移。

3. 工作经验

具有丰富工作经验的劳动者在面对复杂问题时往往能够运用自身的经验和知识迅速作出决策,提高企业的竞争力。

(二)人力资本对产业转移的影响

人力资本的质量和数量直接影响产业的技术水平和竞争力。随着经济全球化的深化,高素质的人才日益受到重视,他们能够为企业带来创新、技术进步和管理模式更新。另外,人力资本的增加对于本地企业的竞争力至关重要。人力资本的培训和教育能够提升劳动者的技能水平和专业素养,从而提高企业整体的竞争力和适应性。

人力资本的积累也对产业结构的升级和优化起到了关键作用。通过培养和吸引优秀的人才,本地企业能够逐步实现产业结构的转型升级,提高企业整体的附加值和市场竞争力。因此,在产业转移过程中,有效利用和管理人力资本至关重要。在管理实践中,企业应该注重人才培养和激励机制的建立,为劳动者提供良好的发展空间和晋升机会，从而激发劳动者的创新潜力和工作积极性，为产业转移注入新的活力和动力。

第二节　产业布局导向机制

一、影响产业转移的因素

(一)区域经济发展水平

不同地区有着不同的经济发展水平，对产业转移的吸引力也存在差异。通常情况下，经济发展水平较高的地区更容易吸引外来投资和产业转移。这是因为经济发展水平较高的地区拥有更完善的基础设施建设、更丰富的人才储备以及更便利的市场条件，这些优势可能使其成为投资者眼中的首选目标。

区域经济发展水平也影响着本地产业结构和产业竞争力的调整。经济较为发达的地区往往更容易实现产业的升级和结构调整，从而提升本地产业的竞争力，进而影响到产业转移的方向和规模。同时，经济发展水平较高的地区还能为产业转移提供更多的合作机会和投资环境，加速产业布局优化和升级。

(二)产业结构调整

产业结构包括产业的组织结构、产出结构和产品结构等方面。

产业结构调整要求逐步减少传统产业的比重，提高高新技术产业、现代服务业等新兴产业的比重。随着科技的升级，产业结构在不断向知识密集型、技术密集型和服务密集型产业升级。例如，传统的制造业逐渐向智能制造、高端装备制造等高附加值产业转变，促使产业结构朝着更加现代化的方向发展。

产业结构需要通过提升产业的竞争力和适应力来推动转型升级。为了应对国际市场竞争，产业结构调整需要依托技术进步、市场需求等因素来不断提升产业的核心竞争力和创新能力。只有不断掌握产业发展的规律，不断提高产业的竞争实力，企业才能在产业转移过程中更好地适应市场需求，实现产业的可持续发展。

(三)产业政策导向

产业政策导向的不确定性和可塑性，直接影响着企业的战略选择和产业布局。政府部门在确定产业政策导向时，需考虑到产业结构调整的趋势和区域经济发展状况，以实现产业转移有序进行。产业政策导向通过激励或限制产业的发展方向和区域布局，影响着产业集聚效应和资源配置效率。

在当前全球化背景下，必须考虑产业政策导向的国际因素。外部环境的变化可能会导致产业政策导向的重新调整，以适应全球产业链的优化和调整。同时，不同国家和地区的产业政策导向可能存在差异，企业在进行跨国产业转移时需要详细分析和评估不同国家政策导向的差异性，准确把握有利的机遇。

产业政策导向的有效落实需要政府部门的坚定决心和有效执行力。政府在制定相关政策时，应当充分考虑产业发展的长期性和稳定性，避免频繁调整导向，造成企业不确定性和混乱。同时，政府应建立健全的政策评估和监督机制，及时调整政策导向，以确保产业转移顺利推进行和产业效益最大化。

二、产业转移的运行模式

(一)产业转移的空间格局

首先，考虑生产要素在地域上的分布情况。产业转移通常受到劳动力、原材料、资金、技术等要素的影响，这些要素在不同地区间的分布情况将决定产业转移的方向和规模。

其次，考虑城市化水平和基础设施建设。随着城市化进程的加快，城市对于吸引产业转移具有明显的优势，同时优越的基础设施条件也成为企业选择新址的考量之一。

再次，考虑政府政策和区域发展规划。政府的引导性政策和扶持措施会影响企业的迁移方向和整体布局，同时地方政府的规划和对外开放政策也将直接影响产业转移的空间分布形态。由此可见，政策环境与区域规划的制定对于产业转移的空间格局顺利进行具有重要意义。

最后，注意国际环境的影响。随着全球化经济的发展，国际贸易和外资流动的便捷性增强，为产业转移提供了更多的可能性。因此，国际市场需求、国际竞争优势、外资引流等因素均可能对产业转移的空间布局产生重要影响。

(二)产业转移的路径选择

企业需要认真考虑当前市场环境和竞争态势以及自身资源、技术和品牌优势。

企业可以通过技术创新和产品升级来提升竞争力，进而寻求更具市场竞争力的产业转移路径。企业可以通过开展合作或并购等方式，利用其他企业的资源和技术优势，加速实现产业转移目标。同时，在选择产业转移路径时，企业还应该注重与当地政府合作，充分考虑政策支持和市场导向，避免不必要的风险和阻力。

企业需要考虑到整体产业链的结构和布局，避免出现资源浪费和产业链断裂的情况。在制定转移路径时，企业可以参考相关行业的最佳实践，借鉴先进经验，以提高转移的成功率和效益。除此之外，企业还应该重视人才培养和团队建设，确保在产业转移过程中拥有一支能够胜任新市场和新产业的专业团队，从而顺利实现产业转移的目标。

（三）产业转移的流程设计

在产业转移的流程设计中，需要对目标地的产业结构、区位优势以及政策环境进行全面分析，以明确目标地在产业转移中的定位。

在产业转移的流程设计中，需要根据产业链的延伸和拓展情况，确定适合产业转移的目标产业。在确定目标地和目标产业后，产业转移的流程设计需要考虑如何有效地实施产业转移，推动目标地区的产业发展。一种有效的方法是建立产业协同发展机制，通过产业互补与协同，推动整个产业链发展，实现产业升级和转移。同时，对于关键的产业转移项目，需要制订详细的实施计划和时间表，确保各项工作按时完成。

在产业转移的流程设计中，政府、企业、科研机构等相关部门需要密切合作，形成合力，共同推动产业转移工作顺利进行。以上流程设计和措施的实施，可以有效地推动产业转移，实现产业布局优化，促进产业结构调整和转型升级。

三、产业转移的产业布局效应

（一）产业布局的优化

产业布局的优化可以通过多种手段来实现，包括优化生产要素配置、优化产业结构布局、优化政策环境等。

优化生产要素配置。可以通过引入先进的生产技术、提升劳动力素质、完善基础设施建设等方式来提高产业的生产效率和竞争力。

优化产业结构布局。促进不同产业间协同发展、推动产业链条延伸与完善，实现不同产业间的有效协调与互补，有利于提升整体产业竞争力。

优化政策环境。政府可以通过出台相关政策，引导产业转移至适宜的地区，扶持优势产业发展，鼓励科研创新，提升企业竞争力，从而实现产业布局的优化。在实施这些措施的过程中，需要充分考虑各方面的因素，综合各方利益，确保产业布局的优化受益最大化。优化产业布局，可以实现产业转移的有序进行，同时提升产业经济效益和社会效益，为经济发展和产业升级注入新的动力。

(二)产业布局的动态变化

随着消费者需求的不断变化和市场竞争的加剧，企业需要根据市场需求进行灵活调整，可能会导致产业布局发生变化。

技术进步是产业布局动态变化的重要因素。随着科技的发展和创新技术的应用，某些产业可能出现新的增长点，而传统产业可能日趋式微，从而引发产业布局动态调整。

政策环境的变化会对产业布局产生影响。政府在产业转移过程中出台的激励政策、支持政策或限制政策，都可能对产业布局产生积极或消极的影响，进而带动产业布局动态变化。

国际市场环境的变化也会对产业布局产生影响。全球化趋势下，国际市场竞争加剧，国际贸易政策的调整、外部市场需求的变化等因素都会影响产业布局。

(三)产业布局的区域差异

在产业转移过程中，不同地区之间存在明显的产业布局差异。这些差异受到诸多因素的综合影响，包括政策支持力度、区域资源禀赋、交通网络便捷程度和人才集聚情况等。

在产业转移过程中，政策支持力度在一定程度上决定了产业在特定地区的发展状况。政府的扶持政策、税收优惠等措施将直接影响企业选择落地的地域。

在产业转移过程中，区域资源禀赋是产业布局的关键因素之一。一些地区拥有丰富的自然资源或者独特的产业基础，吸引着特定类型产业向该地区转移和集聚。同时，交通网络的便捷程度也是决定产业布局的重要因素之一。发达的交通网络将促进不同地区之间的产业协同发展与合作，形成聚集效应。

四、产业布局导向机制的优化

(一)产业政策的优化

产业政策的优化意味着政府需要审慎设计和实施政策,以引导产业转移和布局的方向,确保产业转移顺利进行,并最大限度地提升产业效益和发展水平。

产业政策的优化需要充分考虑多方面因素,包括市场需求、技术发展、资源配置、环境保护等,通过明晰政策目标、精准施策、有效监测和评估等手段来提高政策的针对性和有效性。

产业政策的优化应当依托于深入调研和分析产业转移的具体情况和现状,充分了解产业发展的需求和"瓶颈",有针对性地提出政策建议。政府可以通过建立全面的产业数据库、开展产业调研等途径,获取产业发展的相关信息,根据需求情况进行重点支持和优化政策制定。

产业政策的优化需要注重政策的可持续性和协同性。政府在制定产业政策时,应该将其与国家整体发展战略、区域发展规划等相衔接,避免政策之间的冲突和重叠,形成政策合力,推动产业布局导向机制顺利实施。

(二)区域发展战略的优化

1.充分利用和合理配置区域资源

区域内各种资源的分布情况不同,需要因地制宜地进行规划和部署,以实现资源的最大化利用和优化配置。这就要求在优化区域发展战略时,充分了解和分析当地的资源禀赋特点,科学评估各项资源的质量和数量,并结合产业发展需求,精准制定区域发展规划和战略布局。

2.考虑与周边区域的协同发展

区域之间存在密切的联系和互动关系,各区域间的发展也会相互影响。因此,在制定区域发展战略时,需要考虑如何与周边区域进行良好的协同合作,形成合力推动整个地区发展。这就要求政府和企业之间加强沟通与协调,积极探讨合作机制,促进区域间资源共享、信息互通,实现利益最大化和共赢发展。

3.注重创新驱动和科技支撑

随着科技的不断进步和产业结构的不断调整，区域发展需要不断创新和提升。政府和企业应加大对科研、技术创新的投入，鼓励创新型企业和人才的培养，推动产业转型升级和区域发展的转型升级。只有不断创新，才能保持区域竞争力和可持续发展的动力。

(三)产业布局导向机制的创新性设计

要充分考虑产业转移的实际需求和潜在挑战，以更好地推动产业发展和调整。在设计产业布局导向机制时，应当注重创新性思维的引入，积极借鉴国际先进的经验和模式，结合本地实际情况，形成具有独特特色和适应性的机制。

要强调产业布局导向机制的灵活性与包容性，能够适应市场的变化和不确定性，为产业转移提供更多的政策支持和保障。此外，还需要加强与企业的沟通和互动，充分听取他们的意见和建议，共同探讨产业发展的路径和方向。

应当注重整体性和系统性，充分考虑产业链的全面发展和各个环节的相互影响。在政策推行过程中，要与相关部门密切协作，形成政策联动和资源共享机制，形成一体化的政策体系，确保各项政策协调一致、目标一致。此外，还要注重技术创新和人才培养方面的支持，不断提升产业的竞争力和国际影响力。

要在政策和实践层面相互配合，形成政策的有机结合和实际操作的有效执行。只有不断创新和完善产业布局导向机制，才能更好地引导产业的发展方向，推动产业转移顺利进行，实现产业布局的有效优化与升级。

第三节　区域合作与联动机制

一、影响产业转移的因素

(一)经济发展水平

一个地区的经济发展水平直接影响其吸引外部产业转移的能力。经济较发达的地区往往拥有更完善的基础设施、更高效的生产要素配置和更具竞争力的产业链条，这些优势为外来企业提供了更好的发展环境。

经济发展水平决定了当地劳动力素质和人口就业状况，从而影响着外部企业在当地的生产成本和运营效率。经济发展水平高的地区往往拥有更具竞争力的劳动力资源，为外来企业提供了更多的选择余地。

经济发展水平反映了一个地区的市场规模和消费能力，这对于外来企业的销售和发展也具有重要意义。经济发展水平还与地方政府的实际承载能力和对外资政策息息相关，只有经济发展水平与政府支持政策相匹配，才能更好地推动产业向当地转移和升级。

（二）政策引导

政策引导包括政府出台的各项产业发展政策、企业补助政策、税收政策等方面的支持措施。

政策引导可以通过激励机制引导企业转移产业。例如，政府可以给予转移企业一定的税收减免或财政补贴，从而降低产业转移的成本和风险。这种政策引导可以有效地促进产业向发达地区转移，提升当地产业整体竞争力。

政策引导可以通过产业规划和导向，指导产业的合理布局和发展方向。政府可以根据所属地区的资源禀赋和优势产业，制定相应的产业政策，并加强对产业发展的引导和管理。这种政策引导有助于实现产业结构的优化升级，推动产业升级和转型发展。

政策引导还可以通过建立产业发展平台和创新体系，促进产业转移区域合作与联动机制的构建。政府可以支持建设产业技术创新中心、科研院所和产业园区，提升创新能力和技术水平。这种政策引导有助于促进产业协同发展，推动产业链条完善和延伸，实现产业转移区域间的协同联动。

（三）地理位置

地理位置不仅影响着企业的选择和安排，也直接关系到产业转移的实施和效果。在选择产业转移的目的地时，企业往往会考虑到地理位置的便利性，包括交通、物流等的便捷程度。

地理位置会直接影响产业转移后的运行成本。如果处于远离主要市场的地区，企业就可能面临更高的物流成本、更长的运输时间等问题，进而影响其生产效率和竞争力。此外，地理位置也会决定企业与供应链中其他环节的联系程度，进而影响到整个产业生态系统的运行效率。

在产业转移区域合作与联动机制中，地理位置还会对多个地区之间的合作模式产生影响。跨区域的产业转移需要地理位置便利、交通便捷的地区进行配合，以实现资源、人力、信息等要素的高效流动和互补。

(四)技术支持

技术支持不仅可以提高生产效率，减少成本，还可以增强企业的竞争力，促进产业升级和转型。技术支持可以帮助企业解决在新的产业转移区域可能遇到的技术难题，促进生产过程顺利进行。技术支持有助于提升劳动者的技术水平和技能，提高整体劳动力素质，进而推动整个区域产业发展。技术支持还可以促进各产业间的合作与交流，促进技术创新与研发，从而加速产业转移区域的发展。技术支持不仅仅是企业自身技术水平的提升，更是体现了整个区域的创新能力和发展潜力。

技术支持能为产业转移区域带来更多的创新机会。引进技术支持，不仅可以提高产业的效率和质量，还能够推动整个区域经济转型升级，促进更高水平的产业集聚。在技术支持的引领下，产业转移区域的企业将更具竞争力，更具可持续性，更有望在全球市场中占据更有利的位置。

技术支持在产业转移区域合作与联动机制中扮演着重要的角色，只有充分发挥技术支持的作用，加强技术交流与合作，提高产业技术水平，才能实现产业的良性发展，推动区域经济持续增长和提升。因此，在构建区域合作与联动机制的过程中，必须高度重视技术支持，为产业转移区域的可持续发展打下坚实的基础。

二、区域合作与联动机制的运行模式

(一)垂直型运行模式

垂直型运行模式是一种以垂直关系为核心的区域合作与联动机制运行方式，其特点是在区域内部形成了明确的层级结构。在垂直型运行模式下，各级单位之间存在上下级的关系，信息和资源的传递主要通过层级间的交流和协调实现。一般来说，垂直型运行模式更适用于资源分工明确、产业链条较为清晰的产业转移区域合作。

在垂直型运行模式下，上级单位与下级单位之间的协作关系至关重要。上级单位通常承担着提供资源、指导规划等支持功能，而下级单位则负责具体的实施和执行。这种依托层级关系形成的合作模式，有利于提高联动机制的效率和协同效应，促进各方在资源整合和产业升级方面协同发展。

垂直型运行模式能够促进地区间产业链互补和优化。上下级单位之间的协作，可以实现资源配置的合理化，推动产业链上下游企业之间的合作与协同，促进整个区域产业结构优化升级。同时，垂直型运行模式也能够加强区域内各级单位之间的互信与合作意识，为区域合作与联动机制的长远发展奠定坚实的基础。

（二）水平型运行模式

在产业转移区域合作与联动机制的运行模式中，水平型运行模式的特点在于各个参与方在合作中地位平等，相互之间没有严格的等级关系。水平型运行模式强调合作双方在资源、信息、利益方面的平等交换与共享，以实现协同发展和互利共赢。在这种运行模式下，参与方之间不存在明显的指导和被指导的关系，而是通过协商和协作实现各自利益的最大化。与垂直型运行模式强调主导关系不同，水平型运行模式更加注重合作伙伴之间的自治和平等互动。

在实际应用中，水平型运行模式往往能够促进各个参与方之间信息共享和资源整合，从而实现开放式的产业合作与联动。在区域合作与联动机制的建设中，水平型运行模式可以提高各参与方的积极性和创造力，激发合作潜力，推动区域产业协同发展。通过建立平等、互信、互利的伙伴关系，水平型运行模式有助于促进各方资源优势互补与整合，共同应对产业转移可能面临的挑战和机遇。

水平型运行模式还可以加强区域产业合作的协调性和灵活性，能够更好地适应产业转移的需要和变化。在实践中，合作伙伴之间需要建立有效的沟通机制和决策协商机制，以确保决策的民主性和协商性。同时，水平型运行模式注重参与者之间建立良好的信任关系，倡导合作文化，共同推进产业转移区域合作与联动机制的发展与完善。

（三）网状型运行模式

1. 基于众多平等参与者之间的互联互通关系

在网状型运行模式下，各个区域之间不再存在明显的主导关系，而是在平等互利的基础上展开合作。通过网络化的方式，不同区域之间的信息、技术、人才等资源得以快速流动和传播，从而加速了产业转移区域合作的发展。

2.强调多元参与和多方合作

在网状型运行模式下，除了政府、企业等传统主体，社会组织、高校、科研机构等也参与合作网络建设，形成了一个多元化的合作体系。各个参与者通过共同参与决策、资源共享、信息传递等方式，共同推动产业转移区域合作与联动机制有效运行。

3.建立灵活的组织结构和运作机制

由于参与者众多且地域分散，因此需要建立一套高效、灵活的组织机制来保障合作顺利进行。在这种模式下，通常会采用分散式的决策机制、网络化的沟通方式以及开放式的资源共享平台，从而实现各方的利益平衡和合作效果最大化。

（四）混合型运行模式

混合型运行模式是区域合作与联动机制中一种综合性较强的模式。在这种运行模式下，各个参与主体之间既存在垂直的合作关系，又存在水平的合作关系，同时还有复杂的网络关系交织其中。混合型运行模式的特点在于既能实现资源的共享和优势互补，又能保持各主体之间的独立性和多样性。在实际操作中，混合型运行模式往往需要各参与主体具备较高的协调能力和管理水平，以确保合作顺利进行。

在混合型运行模式中，各个主体之间的合作关系既可能是竞争性的，也可能是互补性的。竞争性的合作关系可以激发各主体的创新和竞争意识，推动整个联动机制的发展。而互补性的合作关系则可以实现资源共享和协同发展，提高各主体的整体效益和绩效水平。因此，在混合型运行模式下，各合作主体需要灵活应对各种合作关系，最大限度地发挥各自的优势。

在混合型运行模式中，建立有效的沟通机制和协作机制显得尤为重要。只有通过充分的信息共享和有效的沟通交流，各主体才能更好地协作共赢。同时，建立健全的决策机制和监督机制也是必不可少的，以确保各主体的权益得到充分保障，促进合作长期稳定发展。

三、区域合作与联动机制的优化

（一）政策优化

在产业转移区域合作与联动机制的优化过程中，政策的制定与实施直接影响整个区域合作与联动机制的运行效果。

在政策优化方面，需要考虑的是各级政府部门之间的协调配合。只有各级政府部门密切合作，形成统一的政策导向，才能为产业转移提供可靠的政策支持。同时，政策的稳定性和及时性也是政策优化的关键。政策的变动会对企业和地方政府造成困扰，影响产业转移区域合作的稳定性和可持续发展。因此，政策应该在考虑时效性的同时，也要保持相对的稳定性，避免频繁变化给区域合作带来负面影响。

在政策优化方面，需要注重各方利益的平衡。在制定政策时，应确保各利益相关方的利益得到尊重和保障，避免因政策实施而引发利益冲突，影响产业转移区域合作良好发展。政策的制定要顾及各方利益平衡，促进区域合作良性循环。

政策优化还需要加强政策监督与评估。只有不断监督政策的执行效果，及时总结经验教训，并不断改进政策内容和措施，才能确保政策的科学性和有效性。

(二)技术优化

在产业转移区域合作与联动机制中，技术的不断升级与创新不仅可以提高生产效率，还能有效降低成本，提高产业竞争力。技术优化的重点包括但不限于以下几个方面。

要不断加大研发投入，推动技术创新。只有不断地创新，企业才能在产业转移过程中保持竞争优势。政府部门应该加大对科技企业的扶持力度，鼓励企业增加研发投入，加强技术人才培养，推动技术水平不断提升。

要重视产业升级和转型。随着科技的不断发展，许多传统产业存在技术落后、生产方式陈旧的问题。因此，在技术优化过程中，必须引导企业进行产业升级，推动企业采用新技术、新材料，提高产品质量，拓展市场空间。

要注重加强技术交流与合作。在全球化背景下，各地区间的技术合作越发重要。开展技术交流与合作，不仅可以促进技术的传播与应用，还能够实现资源共享与互补，推动地区产业协同发展。

(三)地理优化

在产业转移背景下，地理位置的优劣直接影响产业转移的效果和运行模式的选择。

在进行地理优化时,需综合考虑诸多因素,包括但不限于区域的交通便利程度、资源禀赋情况、环境条件以及市场需求情况等。优化地理位置,可以更好地实现产业转移区域合作与联动机制的目标与效益。

在进行地理优化时,需要考虑区域的交通便利程度。一个地区若交通便利,可以大大降低产业转移的成本,并提高产业运行效率。因此,有必要加大对基础设施建设的投入,完善交通网络,减少物流成本,提高生产效率。同时,积极引进先进的物流管理技术,提高运输效率,满足产业发展需要。

在进行地理优化时,需考虑地区的资源禀赋情况。不同地区在资源配置上存在差异,有些地区可能具有独特的资源优势,可以依托这些资源优势发展产业,提升区域竞争力。因此,在进行地理优化时,要充分利用区域资源,培育特色产业,促进产业升级和转型,提升地区经济的活力和竞争力。

在进行地理优化时,要考量环境条件。一个地区的环境质量将直接影响产业转移的选择和区域合作与联动机制的构建。注重环境友好型产业的引进,加强环境保护和治理工作,对于提升地区形象、改善投资环境具有积极作用。因此,应该加大力度改善环境,提升生态素质,推动双赢发展。

四、区域合作与联动机制实施策略构建

在区域合作与联动机制的构建过程中,实施策略的构建需要综合考虑多方面因素,以确保联动机制的有效运行和产业转移区域合作的顺利进行。

要制定明确的目标和指标体系。这意味着要明确联动机制的发展目标以及为实现这一目标所需达成的具体指标和标准。

要针对不同的合作主体和利益相关方,量身定制相应的实施方案。对于各个参与方,需要明确其在联动机制中的责任和角色,确保各方的利益得到平衡和保障。

要合理分配资源。需要充分考虑各方资源的优势和特点,合理配置资源,以确保各方资源最大化地得到利用和共享。此外,还需要建立有效的监测和评估机制,及时跟踪和评估联动机制的运行情况,发现问题并及时调整策略,保障联动机制持续发展。

要建立良好的沟通机制。要建立起多方沟通协调平台,促进各方之间的信息共享和互动,加强合作共识,增强各方的信任和合作意愿。只有各方良好沟通,才能推动区域合作与联动机制顺利实施,形成共赢的局面。

第四节　区域利益协调机制

一、产业转移区域利益协调机制的影响因素

（一）宏观经济环境

在产业转移过程中，宏观经济环境的稳定与发展直接影响产业转移区域利益协调机制的运行和效果。

宏观经济环境的稳定与预测性对于企业的产业布局和发展计划至关重要。当一个地区的宏观经济政策和市场环境存在过多的不确定性和波动时，企业往往难以有效进行长期规划和投资，进而影响产业转移的顺利进行。

宏观经济环境的政策取向和支持力度对产业转移的方向和速度有着直接的影响。政府的宏观经济政策，特别是产业政策和区域政策的支持力度，往往会直接影响企业的决策，促使其选择某个区域进行产业转移。政策的稳定性和一贯性对于企业的信心和预期至关重要，不稳定的政策环境往往会导致企业望而却步。

宏观经济环境的市场规模和需求状况也会对产业转移产生重要影响。一个地区经济市场的活跃程度、消费水平和市场需求状况，将直接影响到企业的产业布局和市场定位。因此，宏观经济环境的稳定与发展，对于产业转移区域利益协调机制的影响不容忽视。

（二）政策导向

在产业转移区域利益协调机制中，政策导向作为一种引导产业转移方向和节奏的手段，直接影响各个地区在产业转移过程中的行为和决策。

政府出台的产业政策对产业的转移方向和速度起着引导作用。在一定范围内，政府通过制定相关政策可以引导产业向有利于区域经济发展的方向转移，实现资源的优化配置和区域经济的协调发展。

政策导向影响着地方政府的发展策略和规划。地方政府在制定产业发展规划时，必须考虑国家政策导向，确保地方发展与国家政策保持一致，避免因政策不匹配而导致资源浪费和效率低下的情况发生。同时，政策导向还会影响企业的发展方向和投资决策。企业在选择产业转移的目标地时，会优先考虑当地的政策环

境和支持程度，以确保自身的发展受到政策的支持和保护，从而确保产业转移的顺利进行和效果。

政策导向还对产业转移区域利益协调机制的构建和优化产生着深远影响。政策导向的合理性和有效性直接决定了区域内各利益相关者的行为模式和合作方式。如果政策导向具有明确性和稳定性，可以促进各方在产业转移过程中形成合理的利益分配机制和合作关系，推动区域内利益各方协调发展。反之，如果政策导向存在不确定性和矛盾性，可能会导致各方利益冲突加剧，影响产业转移区域利益协调机制的构建和运行。

（三）地区间经济差异

在产业转移过程中，地区间经济差异来源于各地区在技术、资源、市场、人才等方面的差异，导致产业转移的方向和速度具有一定的偏向性。

地区间经济差异使得一些相对发达的地区吸引更多的产业转移。由于这些地区拥有成熟的产业链、优质的人才资源以及完善的基础设施，企业更倾向于选择这些地区作为转移目的地。

地区间经济差异造成了一些相对落后地区转移难度加大。缺乏完备的产业链、不足的劳动力资源以及欠缺的科技支持，使得这些地区难以吸引和保留转移产业。加之，地区间经济差异还可能产生一些负面影响，如资源外流、人才断档等，进而加剧地区间发展不平衡。

（四）产业转移的需求与供给条件

与产业转移的需求相对应的是供给条件。供给条件的改变会直接影响到产业的迁移和转移。在制约产业转移的供给条件中，地方政府的政策支持和市场环境是至关重要的因素。地方政府的产业引导政策、税收优惠和用地政策等措施会对产业转移起到重要的推动作用。同时，市场的供求关系和产业链的完整性也会影响到产业转移的决策和进程。若地区之间的供给条件存在较大差异，将增加产业转移的不确定性和风险，从而影响到产业转移区域利益协调机制的运行和效果。

在产业转移需求与供给条件的影响下，产业转移区域利益协调机制需要更加注重政策的精准定位和资源的优化配置，以实现地区间利益平衡和共赢。只有在需求与供给条件良好匹配的基础上，产业转移区域利益协调机制才能更好地发挥作用,促进区域协同发展和经济持续增长。

二、产业转移区域利益协调机制的运行模式

(一)市场导向运行模式

在产业转移区域利益协调机制的运行模式中,市场导向运行模式强调市场在资源配置中的决定性作用,通过市场机制来协调产业转移过程中各方的利益。在这种模式下,政府主要起促进、引导和监督作用,而市场资源的合理配置和协调是实现利益协调的关键。

1.强调资源的自由流动和优化配置

市场机制通过价格信号和供需关系,引导企业在产业转移过程中作出合理的决策,调动资源向效益更高、竞争力更强的领域转移,从而实现区域利益的协调和优化。

2.着重完善市场机制和法律法规

政府在市场导向运行模式下不仅要建立健全的市场监管体系,还要加强对市场规则的制定和执行,避免市场扭曲和资源浪费,确保产业转移过程中各方利益的平衡与协调,保障市场的公平竞争和资源配置效率。

3.因地制宜地制定相关政策和措施

市场导向运行模式需要考虑到区域之间的差异性和发展需要,因此在实践中,需要因地制宜地制定相关政策和措施,促使市场机制在不同地区发挥作用。同时,加强产业集聚和区域协同发展,也是市场导向运行模式中实现区域利益协调的关键策略之一。

(二)政策引导运行模式

在产业转移区域利益协调机制中,政府在产业转移过程中通过制定相关政策,引导企业合理有序地进行布局和发展,实现区域利益的协调。政策引导运行模式主要包括产业政策、税收政策、财政政策等方面的支持和引导。

(1)产业政策。政府可以通过出台产业发展规划、技术创新支持、产业集聚发展等政策,为产业转移提供制度保障和发展动力。例如,针对不同产业的发展需

求，政府可以制定相关产业规划，明确发展方向和政策支持重点，引导企业在转移过程中更好地适应新的环境。

(2)税收政策。政府可以通过税收优惠政策，降低企业转移成本，激励企业积极参与地方产业的转移和发展。税收政策也可以引导企业按照政府的产业发展方向进行合理布局，促进产业结构优化和升级。

(3)财政政策。政府可以通过财政资金的支持，为产业转移提供资金保障和支持，推动地方产业发展和升级。同时，政府还可以通过产业扶持政策、创新引领政策等方面的支持，为企业转移提供更多的发展机会和空间，实现产业转移区域利益的协调。

(三)社会参与运行模式

社会参与运行模式不同于市场导向和政策引导运行模式，它更强调基层社会力量和公众参与，促进了区域内部各利益主体之间的沟通和协调。

在社会参与运行模式下，通过建立公民参与的平台和机制，居民、企业和组织可以更加直接地参与产业转移区域的利益协调。他们可以通过参与公共讨论、提出建议和意见，参与决策过程，从而使各方的利益更加平衡。

社会参与运行模式强调透明度和信息公开的重要性。加强信息披露，让公众了解产业转移的进展和影响，有效减少了信息不对称可能导致的争议和冲突。同时，公众的监督也可以促使相关各方更加负责任地履行其职责，确保区域利益最大化。

社会参与运行模式还可以促进地方社会资源的有效利用。引导社会组织和志愿者参与产业转移区域的规划、建设和监督，可以有效地提高区域治理的效率和质量。这不仅可以促进产业转移区域可持续发展，还可以增强地方社会的凝聚力和向心力。

三、产业转移区域利益协调机制的优化

(一)建立健全政策体系

在产业转移区域利益协调机制的优化过程中，政策体系的完善可以为产业转移提供制度保障，促进各方利益协调与整合。在建立健全政策体系时，应当充分考虑各参与主体的利益诉求与需求，确保政策制定符合各方利益平衡要

求。政策体系的建立应当注重灵活性与可持续性，能够根据产业发展的实际情况进行调整与优化，以适应不断变化的市场需求。政策体系的建立要注重引导和激励机制，激发各方参与的积极性与创造性。建立健全政策体系还需要注重政策的执行和监督，确保政策的贯彻落实以及相关利益。通过建立健全的政策体系，产业转移区域利益协调机制得以更好地发挥作用，推动区域经济可持续发展。

（二）强化市场机制的作用

市场机制作为资源配置的有效手段，具有自我调节、效率优化的优势，能够在产业转移过程中发挥关键作用。一方面，市场机制能够促进资源的自由流动与配置，实现对资源的有效整合和优化利用，从而构建起更为灵活、高效的产业生态系统；另一方面，市场机制能够引导各参与主体积极参与产业转移区域利益协调机制，通过供需关系的博弈与调节，推动各方利益诉求协调与统一，进而实现多方共赢。

在强化市场机制的作用下，产业转移区域利益协调机制能够更好地响应市场需求变化，实现产业结构优化与升级。引入市场竞争机制，可以鼓励企业在市场竞争中不断提升自身核心竞争力，推动产业链上下游企业的合作与协同发展。同时，市场机制的引入还能够有效激发创新活力，推动科技进步与产业发展良性循环，为产业转移区域利益协调机制的优化提供坚实支撑。

要进一步强化市场机制的作用，需要不断完善市场规则与监管机制，防范市场失灵与扭曲，确保市场竞争秩序的公平与有序。同时，还需要促进政府与市场之间的有效互动，发挥政府在市场监管、公共服务、政策引导等方面的作用，为市场机制有效发挥作用提供制度保障与政策支持。只有在政府、市场和社会各方协同下，强化市场机制的作用才能真正落地生根，为产业转移区域利益协调机制的优化提供持久动力和保障。

（三）加强区域合作

在产业转移过程中，加强区域合作可以有效促进产业链的完整性和互补性，实现资源优化配置和产业协同发展。

要建立多元化的合作平台，包括政府合作机制、企业联盟和产业园区等。这些平台可以促进信息共享、技术交流和合作项目的开展，从而推动不同地区之间的产业合作。

要加强跨地区的政策协调。不同地区的政策差异可能会限制产业转移和合作的顺利进行，因此需要通过协商、调解和协调等方式，实现政策的一致性和协同性，为区域合作提供制度保障。

要建立健全的产业合作机制。这包括加强产业链的衔接，推动跨区域的专业分工和产业协同发展，促进企业资源共享和互补。

要注重产业培训和人才交流。开展产业培训和人才培养，可以提升不同地区的产业水平和技术实力，为区域合作提供更多的人才支持和智力资源。

（四）提高效率与公平性

在产业转移过程中，为实现效率与公平双重目标，需要加强产业结构调整，优化资源配置，提高生产要素的利用效率。产业结构的不断优化能够推动整个区域经济实现高效发展，进而提供更多的就业机会，促进居民收入增加，实现公平发展。

为实现效率与公平双重目标，要注重政策制度的完善和执行，建立健全的政策体系，为产业发展提供有力支持，使各方的利益得到公平保障。同时，强调市场机制的作用，让市场在资源配置中起决定性作用，实现资源高效配置和产业健康发展。加强区域合作是推动效率与公平的重要保障，通过跨区域合作，实现资源共享、优势互补，推动区域间产业转移与协调发展。

为实现效率与公平双重目标，要注重提高政府服务效率和公平性，强化监管与规范，促进产业转移区域利益协调机制不断优化，实现效率与公平有机结合，为区域经济可持续发展提供坚实保障。

四、产业转移区域利益协调机制的构建

（一）构建合理的权责分配机制

合理的权责分配是确保各参与主体在产业转移过程中能够明确自己的权利和责任，从而有效协调区域利益关系的重要前提。在构建合理的权责分配机制时，需要明确各方的权利和责任分工，确保各方在产业转移过程中的地位和角色清晰。

在实际操作中，可以通过制定明确的规章制度来规范各方的权责关系。例

如，建立明确的合同协议，在产业转移项目启动前，各参与主体就应明确自己的权利和责任，并在协议中规定明确的责任界定和分工。这样不仅可以避免产生权责不清、责任推诿等问题，也能提高各方的积极性和责任心，推动产业转移区域利益协调机制顺利运行。

构建合理的权责分配机制也需要考虑各方的利益诉求和关注点。在实践中，应注重平衡各方的利益，确保各方在产业转移过程中既能够保障自身利益，又能够为整个区域利益协调机制的顺利运行贡献力量。因此，在构建权责分配机制时，应充分考虑各方的利益诉求，积极协商并妥善解决各方之间的权益纠纷和利益分歧，促使区域利益协调机制有效推进。

（二）构建多元化的参与主体

多元化的参与主体包括各级政府部门、企业代表、专家学者、民间组织等各方力量，他们在产业转移过程中发挥着不可替代的作用。各级政府部门作为管理者和监管者，在构建区域利益协调机制中扮演着关键角色。他们需要制定相关政策法规，引导和规范产业转移的方向，同时监督和评估各参与主体的贡献和行为，确保协调机制有效运行。

企业代表作为直接受益者和参与者，不仅可以提供实际的产业转移需求和资源支持，还可以基于专业知识和经验，为协调机制的建设提供宝贵意见。企业代表的参与，可以使协调机制更加务实和有效，确保产业转移顺利进行。

专家学者作为中立的第三方，可以为产业转移区域利益协调机制的构建提供理论支持和专业指导。他们可以基于研究成果和实践经验，提出前瞻性的建议，促进机制创新和完善。专家学者的参与，可以提升协调机制的科学性和系统性，有利于解决实践中产生的问题和挑战。

民间组织作为社会组织的代表，具有一定的独立性和公信力。他们可以代表广大民众的利益诉求，提出建设性建议和意见，促进产业转移区域利益协调机制的民主参与和公平公正。民间组织的参与，有助于增加机制的透明度和民意表达，加强社会的参与性和监督力度。

（三）构建有效的激励和约束机制

激励和约束机制的有效性直接影响整个协调机制的运行效果和效率。在实践中，如何设计和引入有效的激励措施，同时又能施加恰当的约束，是一个既具有挑战性又具有复杂性的课题。下面从三个方面探讨如何构建有效的激励和约束机制。

1. 注重激励的多样性和灵活性

激励并非仅限于经济手段，还包括非经济激励，如荣誉奖励、知识分享、技能培训等。在构建激励机制时，应该根据参与主体的不同需求和特点，定制个性化的激励方案，以达到激发积极性、增强合作意愿的目的。激励机制应该具有一定的灵活性，能够根据实际情况及时调整和优化，以保持其持续的有效性。

2. 充分考虑各参与主体的利益诉求和行为倾向

合理的约束措施既能够规范行为，又能够避免产生负面影响。约束措施的设计应当具有可操作性和可执行性，确保其对各方的约束效果。约束机制还应该注重激励与约束的平衡，避免过度约束导致创新活力受损，同时也要防止激励措施过度导致行为失控。

3. 综合考虑制度建设、管理机制和文化氛围等因素

制度建设是保障激励和约束机制有效运行的基础。在管理机制方面，应该建立有效的监督和评估机制，及时发现问题并采取相应解决措施。同时，要营造共同合作、诚信守法的文化氛围，使各参与主体能够自觉遵守规则，达成共同发展、共同繁荣的共识，从而推动产业转移区域利益协调机制顺利实施。

第三章　产业转移的路径

第一节　扩张型产业转移

一、扩张型产业转移概述

（一）扩张型产业转移的定义及特性

扩张型产业转移是指企业为了获得更多市场份额和资源，从原有生产基地向外部地区或国家转移业务和生产设施的行为。其特性主要体现在以下三个方面。

第一，扩张型产业转移的动机是多方面的，其中盈利和成本是主要考量因素。通过转移生产设施至廉价劳动力地区，企业可以降低生产成本并增加利润空间。此外，市场需求、政策环境、竞争压力等因素也会影响企业进行产业转移的意愿。

第二，扩张型产业转移的方式多样化，包括全面转移、分期转移、联合转移等形式。企业可能选择将整个生产流程转移到新地区，也可能仅转移某个环节或部分生产设施。此外，一些企业会选择与当地企业合作，共同建设生产基地，实现资源共享、风险分担等。

第三，扩张型产业转移的发展趋势表现为全球化、智能化和可持续发展。随着全球化趋势的加剧，企业越来越倾向于将生产设施布局在不同国家或地区，以获取更多市场机会和资源。智能化技术的发展使企业能够更高效地管理和运营跨国生产网络，提高生产效率。同时，可持续发展理念的提出促使企业在产业转移过程中更加关注环境保护、社会责任等方面的影响，努力实现经济、社会和环保协调发展。

（二）扩张型产业转移的主要形式

扩张型产业转移通常表现为制造业的跨国流动和重组，尤其是发展中国家向发达国家的转移。这种转移的主要形式之一是跨国公司直接投资，它们通过建立新工厂或收购旧有工厂来实现生产的转移。直接投资不仅意味着资本和技术的输入，还对当地经济产生了一系列影响。

跨国公司之间的产业转移合作。在全球价值链日益分工的背景下，不同跨国公司共享资源、技术和市场，实现产业链的延伸和转移。通过产业转移合作，跨国公司可以在全球范围内进行资源整合和利益共享，提高生产效率和市场竞争力。

扩张型产业转移与当地政府的合作。在一些国家和地区，由于政府的扶持政策和市场导向，跨国公司与当地政府之间建立起紧密的合作关系。政府为吸引外资和促进经济发展提供条件和政策支持，而跨国公司则通过技术输出和资源整合来实现产业转移。这种合作形式不仅促进了当地产业的升级和转型，也推动了全球产业结构的调整与重塑。

(三)扩张型产业转移的发展趋势

未来，扩张型产业转移的发展趋势将受到多方面因素的影响，呈现出以下四个方面的特点。

随着全球产业结构的调整和产业转型升级需求的不断增长，扩张型产业转移将呈现不断扩大的趋势。尤其是在技术进步和市场需求的推动下，国际制造业的重置和全球价值链的重构势在必行，这将推动更多的产业向低成本地区转移。

数字化、智能化、自动化等新一代技术的广泛应用将加速扩张型产业转移的发展。随着人工智能、大数据、物联网等新技术在制造业中的应用不断深化，全球产业转移将更加注重智能化生产和高效运营，从而进一步推动产业向技术密集型、智能化水平更高的地区转移。

人口结构变化和劳动力成本上升将成为影响扩张型产业转移的重要因素。随着一些传统产业人工成本的增加，部分企业将面临生产成本压力，这将导致更多的制造企业寻找更具竞争力的地区进行产业转移，尤其是一些新兴市场经济体。

全球环境保护意识的增强将进一步促使扩张型产业转移向绿色、可持续发展方向转型。环境污染、资源浪费等问题日益凸显，各国政府和企业开始意识到转变生产方式是必然的，未来扩张型产业转移的方向将更加偏向环保、低碳和可持续发展。

二、扩张型产业转移的机制

(一)产业转移的驱动力

产业转移的驱动力是推动企业进行转移的内在因素，它直接影响产业在空间上的重新布局和重组。产业转移的驱动力主要包括市场因素、资源因素、成本因素和政策因素这四个方面。

1.市场因素

随着市场需求的变化和全球市场的发展,企业为了更好地适应市场需求和扩大市场份额,通常会选择进行产业转移。市场扩展、市场开拓和市场多样化是企业进行产业转移的主要动机,以期实现利润最大化和市场竞争力的提升。

2.资源因素

不同地区拥有不同的资源禀赋,包括土地、劳动力、原材料、技术支持等。企业为了获取更优质的资源、降低生产成本并提高效益,会选择进行产业转移。资源的不对称性和优势互补性是推动产业转移的重要动力。

3.成本因素

生产成本的高低直接影响企业的经济效益,在全球化背景下,跨国企业通常会将生产基地迁往生产成本较低的地区,以降低生产成本、提高产品竞争力。成本压力是企业转移产业的主要原因之一,同时也反映了企业在全球化竞争中所面临的挑战。

4.政策因素

国家政策的不同会直接影响企业的决策行为,一些优惠政策可以吸引企业进行投资和产业转移。政府政策、法规、税收和环境规定等因素会影响企业在某一地区的生产和运营,也可能成为企业决策进行产业转移的因素之一。

(二)扩张型产业转移的路径选择

在扩张型产业转移的路径选择方面,企业需要考虑各种因素来确定最佳的发展路径。

首先,企业需要综合考虑市场需求、生产成本、资源配置等因素,以选择适合自身发展的转移路径。

其次,企业需要考虑政策环境、产业集聚效应、技术创新等因素对转移路径的影响。在扩张型产业转移过程中,企业还要关注市场规模、竞争态势、行业发展趋势等因素，以确定最适合的路径。

最后，企业需要综合考虑国际贸易环境、政治风险、人才资源等因素，以规避潜在的风险和挑战。

(三)扩张型产业转移的决策过程

1. 企业的市场需求

随着市场需求的变化，企业需要不断调整生产布局，寻找更为有利的生产环境和资源配置，从而促使产业转移的发生。另外，政策环境也是影响产业转移决策的关键因素。不同国家或地区的政策法规、税收政策、劳动力成本等方面的差异，会影响企业选择产业转移的目的地和方式。

2. 技术进步

随着科技的不断发展，一些生产过程的自动化程度提高，劳动力成本逐渐不再是企业决策的唯一考量因素，而更多地考虑技术支持和创新发展的环境。因此，企业在决策产业转移时需要充分考虑技术因素的影响，选择适合自身发展的产业发展环境。

3. 企业的自身竞争力和战略定位

企业需要考虑到自身的资源配置、品牌影响力、市场地位等因素，综合分析产业转移对企业发展的影响，以实现战略布局的调整和未来发展目标的达成。

三、扩张型产业转移的效应

(一)经济效应

首先，体现在对当地经济结构和产业规模的影响上。随着产业的转移，新的产业链条在转移目的地得以建立，这促进了当地产业结构的升级和优化。这种结构性调整带来的经济效益，不仅体现为增加了就业机会，还体现为带动了当地经济的增长。另外，产业转移还助推了当地人力资本的提升。引进新技术和管理经验，培养了更多的专业人才，提高了劳动生产率和创新能力，进一步巩固了当地产业的竞争力。

其次，体现在对全球市场格局的影响上。随着产业要素的跨国流动，全球产业链逐渐形成，丰富了全球产业分工，提高了国际贸易规模和效率。同时，产业转移也推动了不同国家和地区之间的经济互动与合作，促进了世界各国之间的经济一体化进程。此外，经济全球化带来的优势互补效应，也为扩张型产业转移注入了新的动力和活力，进一步推动了全球经济繁荣发展。

（二）社会效应

社会效应主要涉及对劳动者、城市和社会的影响。

扩张型产业转移可能导致劳动力就业环境发生变化。一方面，转移后的新就业机会可能为当地劳动力提供新的就业选择，带动了就业率的提升；另一方面，随着产业的转移，原有产业的劳动力可能会面临失业风险，需要重新调整就业结构和培训方向。这种动态变化会影响当地社会的稳定和发展。

扩张型产业转移可能对城市结构和社会发展产生影响。随着产业的转移，新兴产业可能会聚集在一些城市或地区，导致资源集中和城市间发展不平衡。这种不平衡可能会带来城市人口流动、社会环境问题等方面的挑战，需要政府和相关部门加强规划和管理。

扩张型产业转移可能对社会文化造成一定的冲击。产业转移可能会带来外来人口的增加，不同地域、文化和价值观之间的碰撞可能会引发社会矛盾和文化冲突。因此，在产业转移过程中，需要关注社会的文化认同和传承，促进文化多样性的包容与共存。

（三）环境效应

在大规模产业转移过程中，环境效应是至关重要的一环。产业扩张带来了更多的环境污染排放，导致环境质量恶化。随着产业转移规模的扩大，工业废气、废水以及固体废弃物的排放量逐渐增加，直接对周边环境造成了严重的污染。产业转移过程中所需的大量资源开采和能源消耗，也对环境造成了额外的压力。对于一些资源匮乏的地区，产业扩张可能导致资源过度开采，破坏生态平衡。

环境变化对产业转移也会产生一定的影响。一些环境恶化严重的地区，可能会面临产业下滑或撤离的压力，从而导致产业转移的过程被迫加快。环境影响评估成为产业转移决策中一个不容忽视的因素。

产业转移对环境保护产生了一些积极影响。一些发达国家在产业转移过程中将环境标准纳入审查范围,推动环保技术的转移和应用,有助于提高转移地区的环境治理水平。产业转移也为环境友好型产业的发展提供了机遇,通过技术合作和投资吸引,可促使在新的产业发展模式下减少环境污染。

(四)政策效应

在进行政策效应方面的研究时,需要关注的是政府在扩张型产业转移过程中所实施的各项政策。在国家层面,政府为推动产业转移提供了一系列的政策支持,包括财政扶持、税收优惠、土地使用政策等。这些政策的实施,有利于吸引更多的产业向发展欠发达的地区转移,带动当地经济发展。

政府在制定产业转移政策时,需考虑产业结构调整和转型升级。通过引导产业向技术含量高、创新能力强的领域转移,政府可推动当地产业升级,提高产业竞争力,进一步推动当地经济快速增长。

政府还需要加强对扩张型产业转移的监管和评估,确保产业转移能够实现预期的效果并符合环保法规。政府部门可通过建立健全的产业转移监管体系、加强环境保护工作等措施,保障产业转移过程中的环保问题得到有效解决,避免对当地环境产生不利影响。

四、扩张型产业转移的影响

(一)扩张型产业转移对原产地的影响

扩张型产业转移会导致原产地生产要素外流和产业空心化现象加剧。随着企业的转移,原产地可能面临人口流失、失业率上升等问题,进而影响当地经济的稳定发展。此外,原产地可能面临技术水平下降、产业结构调整等挑战,这对原产地的实力和竞争力产生不利影响。

扩张型产业转移会对原产地社会结构和生态环境造成一定的冲击。随着产业的转移,原产地可能面临资源枯竭、环境污染等问题,给当地社会发展带来不稳定因素。在全球化背景下,原产地可能还需要应对国际竞争、市场变化等外部压力,从而加剧原产地经济困境。

扩张型产业转移可能造成原产地产业结构的调整和转型。随着企业的外移,原产地的产业结构可能会出现变化,从而需要寻求新的增长动力和发展路径。这将使原产地的产业升级、技术创新等方面面临新的挑战和机遇。

(二)扩张型产业转移对接收地的影响

在接收地,扩张型产业转移往往会带来就业机会的增加。新的产业落户会促进当地劳动力市场的活跃,为当地居民提供更多的就业机会,降低失业率,改善居民生活水平。与此同时,产业转移还会带动相关产业链的发展,带动更多产业间的合作与关联,在一定程度上推动当地经济发展与繁荣。

扩张型产业转移对接收地的技术水平提升和产业结构升级起到一定的促进作用。引入新的产业或技术可以拓宽接收地的产业结构,增加产业多样性,提高产业的技术含量和附加值,有利于提升当地产业的竞争力和创新能力。这将有助于推动当地经济由传统产业向高端产业转型,推动产业结构升级和优化。

扩张型产业转移还可能对接收地的环境和资源产生影响。引入新的产业可能会增加对当地资源的需求,可能对当地环境造成一定程度的压力与损害。因此,在进行产业转移时,接收地需要谨慎对待资源利用和环境保护,制定相应的政策和措施,确保产业转移可持续发展。

(三)扩张型产业转移对全球产业链的影响

扩张型产业转移将会导致全球产业链的重构和调整。这种转移可能会改变全球供应链的布局,使原有的生产体系和分工关系发生重大变化。另外,扩张型产业转移将通过跨国公司的参与,推动全球产业链向更高附加值的方向转移。这意味着转移的产业将更加注重技术创新和知识密集型生产方式,对全球经济结构和发展路径产生深远影响。

扩张型产业转移可能会给全球产业链带来一定的挑战与机遇。一方面,转移后的产业可能会面临更大的竞争压力和市场风险,需要在全球范围内寻找新的市场机会和合作伙伴;另一方面,扩张型产业转移可以为全球产业链带来新的发展机遇,促进不同国家之间的产业协作和技术交流,推动全球产业链向更加完善和平衡的方向发展。

第二节　撤退型产业转移

一、撤退型产业转移概述

(一)撤退型产业转移的定义与类型

撤退型产业转移是指原先在某一地区存在的产业活动，在一定背景下由该地区向其他地区转移的过程。其背后蕴含着企业为了获得更多竞争优势或应对市场环境变化而作出的重大战略决策。在实际操作中，撤退型产业转移可分为两种类型：一种是产业设施的整体转移，包括生产线、设备、技术等全部迁移到新区域；另一种是产业功能的部分调整，即将产业中的某些环节或功能性部分进行转移，如研发中心、售后服务支持等。

产业转移的定义不仅包括了空间移动的概念，还涉及产业要素的重置和调整。从类型上看，整体转移更倾向于企业从整体上搬迁生产基地，以实现资源整合和成本优化；而部分调整则更强调在不影响整体布局的前提下，根据市场需求或政策变化灵活调整产业结构。这两种撤退型产业转移，均受到市场、政策、人力资源等多方面因素的影响，具有相辅相成的特点。

撤退型产业转移还涉及对产业链条中各个环节的认知和定位，以确保转移过程中产业链的完整性和持续性。对于企业而言，对产业转移的定义和类型有清晰的认识，有助于其更好地规划和实施产业布局和转移策略，提高经营的灵活性和竞争力。

(二)撤退型产业转移的主要特点

撤退型产业转移的主要特点之一是产业结构的调整和优化。随着经济的发展和市场的变化，一些传统产业或者低附加值产业可能会面临国内外环境双重压力和挑战，导致其转移或撤退。这种产业结构的调整旨在实现产业升级、提高产业附加值，以适应全球化市场竞争。

在撤退型产业转移过程中，企业可能会选择向劳动力成本较低的地区转移产业。这一特点与全球化背景下的跨国生产活动密切相关，企业追求更低的生产成本和更大的利润空间，因此会选择撤退或转移至劳动力成本较低的地区，从而实现成本优势。

撤退型产业转移会涉及资源重置和经济发展模式调整。资源在不同地区的配置和利用方式可能存在差异,产业转移可以实现资源的合理配置和利用,推动当地经济发展模式升级和转变,促进区域经济协调发展。

撤退型产业转移还可能带来环境和社会问题。产业转移可能会导致原地区资源枯竭、环境污染等问题,同时也会对原地区的就业、收入等产生影响。因此,在进行撤退型产业转移时,需要综合考虑环境、社会、经济等多方面因素,采取相应的政策措施和管理手段,实现产业转移的可持续发展和转型升级。

(三)撤退型产业转移的现状与趋势

现阶段,全球产业链的不断完善和各国经济发展水平的差异化,使撤退型产业转移呈更加复杂和多样化的态势。跨国公司为了降低成本、追求更大的市场份额,纷纷将生产基地从发达国家转移到发展中国家或地区。例如,许多欧美企业纷纷将生产线迁至东南亚、非洲等地,以获取更低廉的劳动力成本和更加灵活的政策环境。

随着技术和科技的不断进步,撤退型产业转移呈现出数字化和智能化的特点。传统制造业转型升级,数字化技术在生产、管理过程中的应用越来越广泛,人工智能、大数据等技术的运用也使得产业转移更加高效和精准。这种趋势不仅影响了产业结构,也改变了生产方式与生产关系。

环保和可持续发展意识的增强也在推动着撤退型产业转移向更加绿色、环保的方向发展。越来越多的企业关注生产过程中的环境影响,选择将生产基地迁移到环境更为友好的地区,以减少对环境的污染和破坏。这势必会推动产业结构调整,促进可持续发展理念在产业转移中深入实践。

二、撤退型产业转移的机制

(一)撤退型产业转移的驱动力分析

在市场需求方面,全球市场的多元化需求对产业结构和产品组合提出了新的挑战。消费者对产品品质、环保性能、服务水平等的要求越来越高,传统产业往往难以满足这些需求。因此,跨国企业往往会选择进行撤退型产业转移,将生产基地迁移到具有更高效率、更先进技术的地区,以满足市场需求的不断变化。

在资源优化配置方面，撤退型产业转移可以实现全球资源的优化配置。随着全球经济一体化进程的加快，各国在资源分配和产业配套方面的差异越来越明显。跨国企业通过撤退型产业转移，可以利用全球范围内的资源，实现产业链的优化配置，提高生产效率和降低成本。

在政策环境变化方面，各国政府的政策调整也会对撤退型产业转移产生重要影响。一方面，各国政府通过制定产业政策、税收政策等吸引措施，积极吸引外资和外资产业；另一方面，一些国家在加大环境保护力度，对高污染、高耗能产业采取限产、关停等措施，迫使企业进行撤退型产业转移，以减少环境污染对当地生态环境的影响。

(二)撤退型产业转移的路径选择

企业需要考虑目标市场的国家政策和法律环境。不同国家对于外资企业的政策和法律规定有所不同，因此企业需要充分了解目标市场的相关政策，以便选择适合自身发展的路径。

企业需要考虑目标市场的产业环境和竞争状况。不同国家的产业环境和竞争程度不同，企业需要根据自身实力和优势选择适合的产业转移路径。

企业需要考虑目标市场的人才储备和技术支撑情况。人才和技术是企业发展的重要支撑，企业选择转移路径时需要考虑目标市场的人才和技术资源能否满足自身需求。

企业还需要考虑目标市场的市场规模和消费能力。不同国家的市场规模和消费能力有所不同，企业需要根据自身产品定位和市场定位选择适合的路径，以实现更好的发展。因此，在撤退型产业转移的路径选择过程中，企业需要综合考虑多方面因素，以找到最合适的发展路径。

(三)撤退型产业转移的实施过程

撤退型产业转移的实施过程主要涉及三个核心环节：确定撤退路径、组织实施以及后续监管。

首先，确定撤退路径是关键的环节。在这一阶段，企业需要综合考虑各种因素，包括市场需求、政策环境、人力资源等，以确保撤退过程能够顺利进行。

其次，组织实施是撤退型产业转移实施过程中的核心环节。企业需要建立一个有效的组织架构，明确工作职责和流程，有效分配资源，确保撤退过程高效实施。

最后,后续监管是撤退型产业转移的重要环节。企业需要制定监管规定和措施,确保充分考虑撤退后的产业使用和环境保护,避免产生不良影响。

三、撤退型产业转移的效应

(一)可能导致原产业地经济结构和产业布局变动

从经济方面来看,撤退型产业转移会导致原产业地失去一部分产业支柱,进而影响当地的经济结构和产业布局。部分产业工人可能失去工作机会,造成失业率上升,劳动力市场出现一定程度的紧张局势。

从社会方面来看,一方面,失业率上升可能会导致社会不稳定因素增加;另一方面,由于原产业地失去了一部分产业支撑,当地人民的生活水平可能会受到一定程度的影响,从而影响社会整体稳定。

从环境方面来看,如某些撤退型产业在生产过程中可能会产生废气、废水和固体废物等污染物,当这些产业转移走后,残留的环境问题可能会继续存在,对当地环境和生态造成潜在威胁,需要采取相应的环境保护措施来减少不良影响。

(二)可能会给接收地带来新的经济机遇

撤退型产业转移可能会给接收地带来新的经济机遇,当原产业地的产业转移至接收地,接收地可能会获得更多的投资、就业机会和技术转移。这样的情况常常会推动接收地的经济发展,提升当地经济水平。在这一过程中,接收地的地方政府常为引进产业提供各类优惠政策,吸引更多企业前来投资。这种正向效应有助于改善接收地的经济结构,提高产业水平。

撤退型产业转移也可能给接收地带来不利影响。一方面,大量的外来产业进入可能会导致接收地资源过度开发,环境质量下降。由于产业转移的急迫性,接收地的环境保护可能会受到忽视,造成污染问题。另一方面,原本在接收地的产业可能会因为新产业的涌入而面临竞争压力,导致部分本地企业生存困难,甚至倒闭。这样的负面效应可能会影响当地的社会稳定和经济可持续发展。

撤退型产业转移对接收地的影响还体现在人才流动和社会结构方面。一方面,产业转移可能带动人口外流或者外来人口涌入,改变当地的人口结构和社会组织;另一方面,随着新产业的进入,需要更多的技术人才和管理人才,这可能会促进接收地的人才培养和产业升级，也有助于推动当地经济发展。然而，对接收地而言，如何平衡好经济增长与人口、社会结构之间的关系，是一个需要认真思考的问题。

（三）决定着企业未来的发展方向和发展能力

在进行产业转移过程中，企业可能面临来自多个方面的影响，这些影响将直接决定企业未来的发展方向和发展能力。

撤退型产业转移会影响企业的生产能力和经营管理。随着产业转移的进行，企业可能需要重新筹划生产布局和供应链关系，以适应新的生产环境和市场需求。这种调整将直接影响企业的生产效率和竞争力，需要企业采取相应的措施来提升自身的适应能力。

撤退型产业转移会影响企业的人力资源和技术创新能力。在产业转移过程中，企业可能面临员工流失、技术传承等问题，进而影响企业的技术积累和技术创新能力。因此，企业需要加强人力资源管理，保持员工稳定，持续不断地进行技术更新和创新，以确保企业在转移过程中保持竞争优势。

撤退型产业转移还可能对企业的财务状况和市场地位产生一定的影响。由于产业转移伴随一定的成本支出和市场重新开拓，企业可能需要投入更多的资源和资金，而这将对企业的财务状况造成一定的压力。新的市场环境可能需要企业重新树立品牌形象，调整市场战略，以适应新的市场需求和竞争格局，这将直接影响企业在市场中的地位和影响力。

（四）撤退型产业转移对社会的影响

撤退型产业转移可能导致原产业地的社会结构发生根本性的变化。随着企业的撤离，原产业地可能面临失业率上升、收入差距扩大、社会不稳定等问题。这些社会问题可能导致原产业地整体发展受到阻碍，甚至可能加剧地区贫困化现象。

撤退型产业转移也会对接收地的社会结构产生一定的影响。一方面，随着新产业的引进和发展，接收地的就业机会增加，居民收入水平有望提升；另一方面，新产业的涌入可能带来资源争夺、人口涌入等问题，影响当地社会的稳定性与和谐发展。

撤退型产业转移对社会的影响还包括公共资源的再配置、生态环境的变化以及政府政策的调整等方面。这些因素综合作用，将深刻影响整个社会的发展方向和格局。因此，在进行产业转移时，需要充分考虑社会影响因素，制定有效的政策措施，促进产业转移平稳进行，实现经济与社会的协调发展。

四、撤退型产业转移的影响

（一）撤退型产业转移对经济结构的影响

撤退型产业转移对经济结构的影响，主要体现在产业结构的调整和经济增长动力的变迁上。

撤退型产业转移会导致原先占据主导地位的传统产业日趋式微，新兴产业逐渐壮大，从而加剧了产业结构调整。这种变化对于整个经济的长期发展具有深远影响，可能造成旧有产业衰退和新兴产业崛起的情形。

撤退型产业转移会对当地的经济增长动力变迁产生影响。由于传统产业萎缩和新兴产业兴起，可能会重新定义当地的经济增长引擎，推动经济结构转型升级。这种转变不仅影响了产业的规模和结构，还牵涉经济增长的动力来源及质量。因此，在面临撤退型产业转移冲击时，及时调整产业结构、挖掘新的经济增长点至关重要。除此之外，产业转移还可能引发更广泛的社会变革，促使政府加大对产业升级转型的支持力度，以应对未来经济发展的挑战。

（二）撤退型产业转移对环境的影响

撤退型产业转移对环境的影响是一个备受关注的议题。随着产业转移的进行，环境承受着来自撤退型产业活动的不同影响。

第一，撤退型产业转移可能导致环境污染问题的转移。原产业区域在产业撤退后可能留下大量工业废弃物和污染物，对环境造成潜在威胁。这些废弃物如果没有得到有效处理和清理，会对环境造成破坏。例如，工业排放物可能导致空气质量恶化，废弃物可能污染土壤和水源，进而影响当地生态系统。

第二，撤退型产业转移可能引起资源重置，对环境产生间接影响。原产业区域可能存在大量未利用的自然资源，产业撤退后，这些资源面临新的开发利用，这可能导致环境开发的压力增加。新的资源开发活动可能涉及森林、水资源、土地利用等方面，进而加剧原地区的资源枯竭和生态失衡问题。

第三，撤退型产业转移可能给环境管理和保护带来挑战。新地区可能缺乏完善的环境管理制度和监督体系，导致无法有效应对撤退型产业转移带来的环境影响。环境管理部门在面对新的产业和环境问题时需要加强协调与监管，确保新地区的环境质量得到有效维护。

（三）撤退型产业转移对社区发展的影响

一家产业撤退或转移出某个社区，会带来就业压力和失业问题。受影响的员工可能需要重新就业或重新定位自己的职业发展方向，这给社区的就业市场和人才流动都将带来不小的挑战。此外，撤退型产业转移也可能导致社区内的相关产业链条受到不同程度的冲击，进而影响到整个社区的经济活力和发展前景。

撤退型产业转移可能对社区的基础设施和公共服务产生影响。随着产业的撤退，原本为产业服务提供支持的基础设施和公共服务面临过剩的状况，需要重新调整和优化。例如，原本供应给产业工人的住房、教育、医疗等公共服务设施可能需要针对新情况作出调整，以适应社区新的发展需求。

撤退型产业转移还可能引发社区的空心化和人口外流现象。产业撤离社区，带走了原有的就业机会和经济支撑，社区可能陷入经济萧条和发展停滞的困境，从而导致部分居民选择外出谋生或搬离社区，加剧社区的人口外流问题。这将进一步加剧社区发展不均衡现象，影响到社区整体的稳定性和可持续发展。

第三节　国际产业转移

一、国际产业转移概述

（一）国际产业转移的形式

从国际产业转移的形式中，可以观察到不同类型的产业在转移过程中呈现出多样化的特征。

劳动密集型产业的转移。跨国公司在全球范围内建立生产基地，并通过向新兴市场转移生产线实现成本节约。这种形式的产业转移通常涉及劳动密集型产业，如纺织、电子制造等。

产业群集的转移。相关产业集中在特定区域，如制造业集聚在某个国家或地区。这种形式的产业转移往往通过优势互补、资源共享等方式实现产业升级和转移。

技术密集型产业的转移。技术密集型产业的转移常常涉及高科技领域，如信息技术、生物技术等。这些产业的转移往往受到知识产权、技术壁垒等因素制约，需要更多专业技术支持。

(二)国际产业转移的路径

国际产业转移的路径通常涉及企业决定转移的具体途径和方式。产业转移的路径主要包括市场导向型转移和资源导向型转移两种形式。

市场导向型转移是指企业根据市场需求情况，在寻求更广阔市场空间或降低生产成本的同时选择转移产业的行为。这种转移路径往往会受到市场规模、竞争程度、消费需求等因素影响，企业会优先考虑市场前景和潜在利润来确定产业转移的具体方向。

资源导向型转移更多地受到资源配置和利润最大化的驱动。企业为了获取更优质的资源、降低生产成本或提高生产效率，选择将产业迁移至具备更有利条件的地区或国家。资源导向型转移会受到国家政策、资源禀赋、技术水平等因素的影响，企业将会在资源优势和技术优势之间进行权衡，以实现效益最大化。

随着全球化进程的加快，国际产业转移的路径开始呈多元化趋势。除了传统的市场导向型和资源导向型转移路径外，一些企业还会考虑生态环境、产业政策、人才培养等因素，形成一种综合考量的转移策略。在未来，随着科技创新和产业结构调整的不断发展，国际产业转移的路径可能会更加多样化和复杂化，企业需要在转移决策中进行全面的考量和分析，以实现产业转移的最佳效果。

(三)国际产业转移的阶段

1.筹备阶段

在这个阶段，企业开始评估当前所在生产地的成本、环境和政策等因素以及潜在目的地的优势和劣势。企业可能会开始进行初步规划和研究，寻找适合进行产业转移的新生产地。

2.实施阶段

实施阶段是产业转移的核心阶段。企业一旦确定了转移计划，将开始进行实际的搬迁工作。这包括安排生产设备的拆卸和运输、人员调配、新生产地建设等。这个阶段需要企业具有强大的组织协调能力和资源整合能力，以确保转移过程顺利进行。

3.巩固阶段

在完成转移并在新生产地开始正常运营后，企业需要进行适应新环境、建立稳定供应链、寻求市场开拓等工作。这个阶段是企业能否在新生产地获得成功的考验阶段，需要企业有强大的市场洞察力和战略眼光来应对各种挑战。

二、国际产业转移的理论基础

(一)经济发展阶段理论

经济发展阶段理论主张，不同国家的经济发展水平会在一定程度上影响其产业结构和产业布局。随着国家逐步发展，其产业结构会经历不同阶段的变迁。在早期阶段，发展中国家往往以劳动密集型产业为主，而发达国家则更多涉足技术密集型产业和资本密集型产业。这种差异化的产业分工导致了国际产业转移的发生。

经济发展阶段理论进一步强调，发展中国家在发展过程中会逐渐升级产业结构，向技术密集型产业和资本密集型产业转变，而发达国家则会向更高附加值的产业迈进。这种产业结构的升级和迁移，往往会伴随部分产业转移至其他国家或地区，以寻求更低成本、更高效益的生产条件。因此，经济发展阶段理论为我们解释了为何国际产业转移会在不同国家、不同经济发展阶段之间频繁发生。

经济发展阶段理论也指出，发展中国家在产业升级过程中需要跨越“中等收入陷阱”，寻求新的增长动力和竞争优势。这使得国际产业转移成为一种必然选择，以获得更多的发展机遇和竞争优势。因此，经济发展阶段理论在解释国际产业转移机制方面扮演着重要的角色，引领着我们对产业转移现象进行深入理解和分析。

(二)比较优势理论

比较优势理论最初由英国经济学家大卫·里卡多提出，其核心思想是国家或地区应当专注于生产其相对较优势产品，然后通过国际贸易实现互补优势，从而提高整体生产效率和国际竞争力。

比较优势理论的一个关键是“绝对成本优势”转化为“相对成本优势”。具体而言，即使某一国家在生产某种产品上的生产成本绝对比其他国家高，但只要这一国家在生产另一种产品上的成本相对较低，就可以通过贸易获得利润。比如，假设国家A生产机械设备的成本高于国家B，但国家A生产农产品的成本却低于国家B，那么国家A可以专注于生产农产品，国家B可以专注于生产机械设备，双方通过贸易互利互惠。

比较优势理论通过充分利用各个国家或地区的资源、技术和劳动力优势，实现了国际产业之间的互补与协作，提高了全球资源配置效率。此外，比较优势理论也促进了国际分工的深入发展，推动了世界经济的全球化进程。在当今全球化背景下，比较优势理论更显重要，各国可以根据自身优势选择适合的产业定位，实现互利共赢。

(三)技术创新和扩散理论

1. 技术创新

技术创新意味着企业为了保持竞争力和实现持续发展必须不断寻求新的技术。在行业逐渐成熟的过程中，原有的技术和生产方式会变得过时，这时企业需要通过技术创新来提高生产效率和产品质量，以适应市场需求的变化。这种技术更新和提升的需求也会引发产业向技术领先地区转移，因为这些地区往往拥有更先进的技术和研发能力。

2. 技术扩散

技术的传播和扩散使得先进技术在产业间得以传递和应用，促进了不同地区产业协同发展。尤其是在全球化背景下，技术扩散的速度和范围大大加快，使得跨国公司和供应链更容易跨越地域，选择在全球范围内进行生产和合作，从而推动了产业的国际化和转移。

三、国际产业转移的效应

(一)国际产业转移对接收国的经济影响

国际产业转移可以促进接收国经济结构升级和优化。随着外来产业的引入，接收国的产业结构将会得到调整，从而提升产业整体水平，增强国家的竞争力。产业转移对接收国的技术水平和创新能力有着积极的推动作用。通过引进先进的生产技术和管理经验，接收国可以借鉴和吸收先进的技术，促进本国科技水平提升，推动创新能力发展。同时，产业转移还为接收国提供了就业机会，缓解了就业压力，改善了民众生活水平，促进了经济社会的稳定和发展。

产业转移也给接收国的经济带来了一些潜在的挑战和问题。

首先，产业转移可能导致接收国出现产业过剩和产能过剩的问题，使市场竞争日益激烈。

其次，产业转移可能对接收国的环境产生不利影响，增加环境污染和资源消耗，加剧生态环境问题，对国家可持续发展构成威胁。因此，接收国在吸引外来产业转移时，需要寻求平衡，既要享受转移带来的经济利益，又要注重环保和可持续发展，制定相应政策和措施应对产业转移带来的各种风险和挑战。

(二)国际产业转移对输出国的经济影响

产业转移可能导致输出国失去一部分生产能力，特别是传统产业将生产基地转移至其他国家或地区后，输出国可能面临失业率上升、国内生产总值下降等问题。这将对输出国的经济结构和产业布局产生深远影响，需要输出国及时调整经济政策和加大技术创新力度，以促进产业结构升级和转型发展。

产业转移可能给输出国带来新的发展机遇。一方面，输出国可以通过产业转移，调整产业结构，从而培育新兴产业和优势产业，提高国际竞争力；另一方面，随着国际产业分工的深化，输出国可以借助产业转移获得更多技术转让和经验积累，推动本国产业升级和创新发展。这将促使输出国加大对科技研发的投入，提升自身产业核心竞争力，实现经济持续增长。

产业转移对输出国的经济影响还体现在全球产业链的重构上。随着国际产业分工格局的调整，输出国将与其他国家形成新的产业合作关系，开拓更大的国际市场。通过参与和引领全球价值链的构建，输出国不仅可以实现产业升级和提升综合实力，还能够促进全球经济协调发展。

(三)国际产业转移对全球经济的影响

国际产业转移的加剧促进了全球产业链的重塑和重构。随着生产要素跨国界流动，不同国家间的产业分工更趋复杂化和多样化，使得全球经济更加紧密地相互联系、互相依存。

国际产业转移不仅改变了不同国家的经济结构，也带动了全球经济发展空间的重构。发达国家不断将劳动密集型产业转移到发展中国家，以降低生产成本，而发展中国家在接收产业转移的同时也借机提升产业技术水平，促进经济结构升级，从而推动全球经济整体发展。

产业转移对全球经济的影响还体现在全球市场的重置和全球贸易格局的变化上。随着跨国公司生产布局的优化和调整，全球市场竞争格局发生变革，一些传统产业的地理分布得到重塑，新兴产业得到崛起，全球市场格局不断演进。产业转移也将带来全球贸易结构的调整，一些产业链在全球范围内的重新布局将影响到各国的贸易形势，对全球贸易格局产生深远影响。因此，充分认识国际产业转移对全球经济的影响，有助于各国更好地应对全球化经济挑战，推动全球经济实现持续发展。

（四）国际产业转移对环境的影响

产业转移往往伴随环境污染问题。许多跨国公司为了降低生产成本，选择将生产基地转移到发展中国家，这往往导致环境监管不严格、污染治理不到位等问题。这种转移造成的环境污染问题，不仅对当地居民的健康构成威胁，也对全球环境产生了负面影响。

产业转移带来了资源过度消耗问题。产业转移往往伴随资源的大量消耗，包括能源资源、水资源等。跨国公司为了追求利润最大化，往往忽视了资源的可持续利用，导致了资源浪费和环境破坏。

产业转移也会对生态平衡造成破坏。许多转移的生产基地往往在自然环境脆弱的地区，如森林、湿地等。这种转移不仅破坏了当地的生态平衡，也影响了地区的生物多样性和生态系统的稳定性。

四、国际产业转移的影响

（一）国际产业转移对贸易结构的影响

国际产业转移导致了全球贸易结构重新调整。随着一些传统制造业向劳动力成本较低的国家转移，原本依赖于这些产业的国家可能会面临出口额下降、贸易逆差扩大等问题，从而使全球贸易结构出现新的变化。另外，国际产业转移也促使了跨境产业链的重组。随着生产环节的分工和空间分布的改变，全球供应链得以进一步优化，相关产业链条会重组，这对全球贸易结构产生了深远影响。

国际产业转移会对贸易结构产生多重影响，如加剧了一些国家之间的贸易摩擦和贸易纠纷。因为国际产业转移常常会引起一些国家的竞争和争议，进而导致贸易关系紧张，贸易结构也会受到不同程度的冲击。此外，国际产业转移还可能加速一些国家间的贸易合作和贸易分工，从而推动形成新的贸易格局和贸易伙伴关系，影响全球贸易结构的演变方向。

（二）国际产业转移对全球供应链的影响

国际产业转移的发生会影响全球各产业之间的关联和分工，从而重塑全球供应链格局。国际产业转移会重置全球各地的生产要素和生产环节，有可能打破原有的供应链体系，重新组合并构建全新的供应链网络。这种变革不仅会影响企业间的合作关系，还会影响到跨国企业的生产布局和决策。例如，中国作为一个制造业大国，大量产业的转移可能导致其在全球价值链中的地位发生变化，进而影响到全球供应链的稳定性与效率。

国际产业转移对全球供应链的影响还体现为全球市场格局的重塑。随着产业转移的进行，一些新兴市场会崭露头角，形成新的生产基地和供应链节点。这种变化会导致全球供应链结构的调整和重组，使原有的产业中心地位受到挑战。通过此过程，全球供应链网络可能会更加多元化和复杂化，企业需要根据新的地理、政治和经济条件来重新评估和调整其供应链战略，以适应全球供应链的新格局。

国际产业转移对全球供应链的影响也将影响到全球贸易格局的变化。随着一些产业的转移和重新定位，不同国家和地区之间的贸易关系可能会发生重大变化，从而重塑全球贸易格局。这种变革可能导致一些国家或地区在全球供应链中的地位和作用发生转变，进而影响到全球贸易的平衡和稳定。因此，在国际产业转移背景下，企业需要密切关注全球供应链的发展动向，灵活调整供应链战略，以应对全球供应链格局的不断变化。

（三）国际产业转移对产业竞争力的影响

产业竞争力是指一个国家或地区具有相对竞争优势，在全球市场上获得成功的能力。国际产业转移往往会对不同国家和地区的产业竞争力产生深远影响。

国际产业转移对产业竞争力的影响体现在技术创新与知识更新方面。随着产业的转移，新兴市场和发展中国家吸引外商直接投资，这往往会带来新的技术、管理经验和市场需求。这些技术和知识的传递不仅提升了本国产业的生产效率和质量，也提升了本国企业的创新能力和竞争力。

国际产业转移对产业竞争力的影响也体现在人才培养和人力资源管理方面。外资企业的进入和本地企业的发展壮大，会带动当地的人才培训和提升。外资企业通常具有更加严格和先进的人力资源管理制度，这种先进的管理经验和制度对于本地企业提升人才素质和管理水平具有积极作用，从而提高产业竞争力。

国际产业转移对产业竞争力的影响还体现在市场竞争和产业结构调整方面。随着产业的转移，不同地区和国家的产业结构可能会发生变化，一些传统行业可能会面临激烈的市场竞争和转型压力。在这种情况下，本地企业需要不断调整自身产业结构，优化资源配置，提升产品品质，以应对全球市场竞争，从而提高产业竞争力。

第四节　区际产业转移

一、区际产业转移概述

(一)区际产业转移的空间模式

在区际产业转移的研究中，产业的空间迁移表现出不同的模式，主要包括跨国产业链中的生产要素迁移、产业集聚与转移以及产业空间布局的调整。

生产要素迁移。随着全球化进程的加速，全球范围内的生产要素流动日益频繁，跨国公司将生产基地从一个地区转移到另一个地区，以追求更低成本、更高效率的生产模式。这种迁移模式在区际产业转移中占据重要地位。

产业集聚与转移。许多产业在全球范围内形成集聚现象，一旦形成集聚，该地区就具备了一定的产业优势，从而吸引更多的相关企业进驻。然而，随着市场环境、技术发展等因素的变化，产业集聚可能会发生转移，这种转移既受到市场因素的影响，也受到政策调控的影响，对于产业空间结构的演变具有重要意义。

产业空间布局的调整。随着全球产业结构的深刻调整，不同产业的空间分布在发生变化，一些传统产业可能会逐渐向发展中国家迁移，而新兴产业则可能在更先进的国家和地区集聚。这种空间布局的调整既与市场需求有关，也与技术创新、人力资源等因素密切相关，对于不同地区的经济发展和转型具有深远影响。

(二)区际产业转移的时间特征

区际产业转移的时间特征体现在变化的动态性上。产业转移的时间特征主要反映了产业活动在时间维度上的发展变化过程。产业转移是一个长期发展的过程，其起始、发展和趋势变化具有明显的时间特征。通过对历史数据和案例的分析，我们可以发现产业转移在不同时间段内存在不同的规律和趋势。

区际产业转移的时间特征表现在其周期性变化上。不同行业、不同地区的产业转移可能存在不同的周期性变化规律，这种周期性变化既受到宏观经济环境的影响，也受到产业自身发展内在因素的制约。同时，随着全球化和技术进步的推动，产业转移的周期可能会发生变化，时间特征也将调整。

区际产业转移的时间特征体现在其加速度和变异度上。随着经济全球化的深入和科技创新的不断推进，产业转移的速度和变异性可能会增加，这将对产业结构、经济增长等方面产生深远影响。因此，对产业转移的时间特征进行深入研究，可以帮助我们更好地把握产业发展的脉络，预测未来的变化趋势，为政府决策和企业战略提供科学依据。

(三)产业转移的行业特征

在研究区际产业转移的行业特征时，不同行业的特点和表现呈现出多样化和复杂性。一些节能环保产业和高新技术产业具有较强的转移倾向，这类产业具备技术密集、资金密集和人才密集的特征，通常需要较高的研发投入和专业技能支持，从而更容易受到地区间资源配置和政策环境的影响，进而选择转移。

制造业中的劳动密集型产业也常常发生转移，这类产业的特点是对廉价劳动力的需求较大，且对技术含量和专业技能要求相对较低，因此更容易受到人力成本和劳动力市场因素的影响，导致在不同地区之间实现产业迁移。

金融、服务业等知识密集型产业也在区际产业转移中占有一席之地。这些产业的特点是对人才和技术的要求较高，而且往往受到政策支持和市场需求的影响，因此其转移决策也更多基于市场合理性和政策环境变化。

农业和传统制造业等劳动密集型产业虽然在一定程度上也能进行转移，但规模相对较小、速度相对较慢，因为这类产业的转移受到技术设备和基础设施投入成本的限制，且与地区资源禀赋和劳动力结构密切相关，难以迅速变迁。

二、区际产业转移的机制

（一）产业梯度与产业转移

产业梯度指的是同一产业在不同地区之间的分布差异和发展水平差异。随着全球化的发展，不同地区的产业梯度逐渐呈现出明显差异。一方面，高发达地区的产业梯度较高，具备较高的产业集中程度和产值水平，拥有先进技术和优质资源，区际产业转移时往往涉及这些高端产业的转移；另一方面，一些欠发达地区的产业梯度较低，产业结构单一，技术创新能力不足，这就为跨国公司选择转移产业提供了一定的动力。

产业梯度与产业转移之间存在密切关系。产业梯度的不同导致了不同地区产业转移目标的差异。在区际产业转移过程中，跨国公司通常会选择将高端产业向低成本地区转移，以降低生产成本和获取更多的利润。因此，产业转移往往会由高产业梯度地区向低产业梯度地区转移，这加剧了不同地区的产业发展不平衡现象。

针对产业梯度与产业转移的关系，各国在制定产业政策时需要谨慎把握。首先，在高产业梯度地区，政府应该通过优化产业结构、提高技术水平和创新能力，来保持和提升本地区产业优势，避免过度依赖外来投资和跨国公司。其次，在低产业梯度地区，政府可以通过引进外资、培育本地企业和加大技术创新力度，来吸引更多的产业转移和促进地方产业升级发展。

（二）产业政策与产业转移

产业政策是各国政府为发展本国产业、调整产业结构、改善经济环境而制定和实施的宏观经济政策。对于引导和影响产业转移，产业政策所起的作用不容忽视。

产业政策可以通过税收政策、补贴政策、贸易政策等手段来吸引外资和促进产业转移。比如，通过税收优惠、土地补贴、创新补助等政策，政府可以吸引外资企业向本国转移生产基地，从而带动就业、促进经济增长。制定适当的贸易政策也能够为企业提供更广阔的市场，增强其竞争力，进而推动产业转移发展。

产业政策可以通过调整产业结构、推动技术创新等方式来引导产业转移方向。通过引导资金流向、加大对高技术产业的支持力度、鼓励企业进行技术创新与升级,政府可以有效地推动产业结构升级,并通过这种方式引导和影响产业转移。

产业政策还可以通过完善法律法规、提升服务水平等措施来改善投资环境,增强本国的吸引力,从而吸引更多的外资企业进行产业转移。政府可以推动建设更加便利的产业园区、提升基础设施建设水平、优化行政审批程序等,为外商投资提供更好的环境,从而吸引更多的产业转移项目。

(三)创新能力与产业转移

创新能力是企业在面对市场变化和国际竞争时获得竞争优势的关键因素之一。正是创新能力的不同,导致了不同地区产业转移速度和方向的差异。

具备强大的创新能力使企业能够更好地适应市场需求的变化。在全球化竞争激烈的环境下,企业需要不断创新以满足消费者不断变化的需求。具备强大创新能力的企业更容易在市场中立于不败之地,从而在产业转移中有更多的选择和主动性。

创新能力直接影响企业在产业升级过程中的定位和发展方向。那些拥有先进技术和创新能力的企业往往更为注重高附加值、高科技含量的产业,从而在产业转移中更容易挖掘出新的增长点,实现更高水平的发展。

创新能力还推动了区域产业结构变革和优化。创新能力强的地区不仅更容易吸引外来投资和引进技术,而且容易形成产业集聚效应,进一步提升地区产业的竞争力和吸引力。

三、区际产业转移的影响

(一)区际产业转移对接收区的影响

区际产业转移带来的资金流入和就业机会增加,可以有效提升接收区的经济发展水平。新产业进驻会带动相关产业链的发展,促进产业升级和技术创新。产业转移还会带来人才流入,促进劳动力市场的活跃,提高接收区人力资源质量和竞争力。通过产业转移,接收区还能获得技术和管理经验的传承,提高自身产业发展水平和竞争力。

(二)区际产业转移对输出区的影响

区际产业转移是一个深刻影响全球经济和产业结构的重要现象。区际产业转移除了影响到接收区,还对输出区产生了重要影响。对输出区的影响主要表现在以下三个方面。

一是区际产业转移对输出区产业结构的调整起到了重要作用。随着产业转移的进行,输出区原有的产业结构可能会发生较大变化。一方面,在产业转移后,输出区可能会逐渐减少传统产业的产出,转向发展新兴产业或者务工产业;另一方面,输出区可能因为失去迁移的产业而面临产业结构调整,需要寻找新的发展路径。

二是区际产业转移在一定程度上对输出区的就业状况产生了影响。一方面,产业转移可能导致输出区面临失业率增加的风险;但另一方面,一些输出区可能会因为产业转移而带来新的就业机会,尤其是一些技术密集型、劳动密集型的产业。因此,输出区对就业市场进行调整和适应是极为重要的。

三是区际产业转移给输出区的经济发展带来了一定的机遇和挑战。一方面,产业转移可能带来一定的经济收入和技术创新,有利于输出区经济发展;另一方面,输出区可能面临产业结构失衡、就业压力增大等问题,需要加强政策引导和经济转型。

(三)区际产业转移对区域经济的影响

产业转移可以促进区域经济结构调整和优化。随着产业的转移,原先受制于传统产业或低附加值产业的地区有机会转向更具竞争力和高附加值的产业领域,推动当地产业结构升级。比如,转向高新技术产业或服务业可以提高地区经济的竞争力和可持续性。

区际产业转移会带动当地就业市场的变化。从输出区转移的产业通常会在接收区建立新的生产基地,这会创造大量就业机会,吸引大量劳动力流入。这不仅可以缓解输出区的就业压力,还有助于提高接收区的居民收入水平和生活质量。

区际产业转移可能对当地的人才结构和技术水平产生影响。引入先进的生产技术和管理经验可以提升当地从业人员的技能水平,并带动技术创新和进步。这种技术溢出效应有助于提高整个区域的产业竞争力和创新能力。

区际产业转移对当地政府的政策制定和经济发展规划也会产生一定影响。政府需要根据产业转移的趋势和影响，及时调整产业政策和发展规划，以更好地适应新产业形势和促进区域经济持续发展。

（四）区际产业转移对区域环境的影响

大量的产业转移会导致接收区环境恶化，特别是空气和水质污染问题。转移的产业往往使用大量的能源和水资源，生产过程中排放大量污染物，加剧了当地环境污染问题。持续的区际产业转移可能会导致土地资源的过度开发和环境破坏，影响当地的生态平衡和生态系统功能。产业转移可能导致当地环境容量超载，如排放废气、废水过多，加剧了环境污染和资源浪费问题。区域环境恶化会对当地居民的生活质量和健康造成负面影响，增加环境保护和治理的难度和成本。

四、区际产业转移的影响因素分析

（一）地区经济发展水平

一个地区的经济发展水平直接影响该地区的产业转移吸引力。经济较为发达的地区往往具备更好的基础设施和服务体系，这会吸引更多的企业选择在该地区进行产业转移。这种情况下，这些企业能够获得更好的生产条件和市场资源，从而促进地区经济进一步发展。

地区经济发展水平会对产业转移引起的社会问题产生影响。一些欠发达地区在进行产业转移时，可能会面临产业结构不合理、就业机会不足等问题。相比之下，经济较为发达的地区则更有能力解决这些社会问题并促进产业升级转移。

地区经济发展水平关系到产业转移对环境和资源的影响。一些发达地区在进行产业转移时，更加注重环保和资源节约，而欠发达地区可能会出现环境污染和资源浪费的情况。因此，在进行产业转移时，地区经济发展水平是需要综合考虑的重要因素。

地区经济发展水平对产业转移具有重要的影响，各地区政府和企业在进行产业转移规划和实施时，需要充分考虑地区经济发展水平，以实现产业可持续发展和社会经济效益。

（二）地区产业结构

地区产业结构的差异性直接影响产业转移的路径和方式。一方面，发达地区的产业结构相对较为先进和多元化，拥有更加完善的产业链和附加值，吸引了大量产业要素向其转移。这种情况下，地区产业结构的升级和提升会更具吸引力，从而推动产业转移与升级。另一方面，相对落后的地区存在产业结构单一、附加值较低的问题，导致其在产业链中的地位相对较低。这种情况下，地区往往会成为产业转移的出发地，以寻求更好的发展机遇。

地区产业结构的差异性直接关系到产业转移对当地就业、经济增长和贸易平衡的影响。对于产业结构相对发达的地区来说，产业转移往往能够带动当地就业机会的增加，提升劳动者的技能水平和岗位薪资，促进经济快速发展。然而，产业转移也可能导致资源浪费和环境污染等问题，需要政府加强管理和监管。相对落后的地区在引入产业转移项目的同时，也需要考虑如何升级产业结构，提升附加值，避免因过度依赖传统产业而带来的风险。

（三）地区政策环境

地区政策环境包括政府政策、法律法规、行政管理体制等方面。政府政策直接影响企业在地区的发展。针对产业转移，政府制定的产业政策、地方补贴政策、税收政策等，都将直接影响到企业的决策。比如，一些地区通过出台优惠政策吸引外来投资，促进了产业转移；而另一些地区可能因为政策不明朗、执行不到位而错失产业转移机会。

法律法规的完善程度会影响产业转移的方向和速度。在一些地区，法律环境优越，产权保护完善，法律透明度高，企业更愿意选择将产业转移到该地区，因为企业的资产和权益能够得到较好的保障。相反，一些地区法规不健全、执行不力，企业在转移过程中可能面临合同纠纷、知识产权风险等问题，从而妨碍产业转移的顺利进行。

地区政策环境还包括行政管理体制的完善程度。行政管理高效与否，将直接影响到企业在地区的运营和发展。一些地区具有简化的审批流程，提供高效的政府服务，为企业的发展提供了便利；而在另一些地区，繁杂的行政程序、官僚主义作风可能会成为产业转移的障碍。因此，地区政策环境的好坏将在很大程度上决定着产业转移的成败。

第四章　产业转移的路径选择与优化

第一节　产业转移路径选择的原则

一、市场导向原则

（一）市场导向原则概述

市场导向原则可被视为产业转移路径选择的一项基础原则，其核心在于将市场需求和市场机会作为产业发展的引导。在实践中，企业应当将市场导向原则纳入其战略规划和发展策略中，以适应不断变化的市场环境。

市场导向原则的实质在于倾听市场的声音，了解消费者的需求和行为，把握市场的动向和竞争态势。通过市场导向原则的指导，企业能够更好地制定战略发展目标和规划路径，避免盲目跟风和投资错误。市场导向原则不仅仅是对市场的被动适应，更是市场主体的积极参与和引领，有利于塑造企业核心竞争力。

市场导向原则要求企业将市场需求作为产业转移路径选择的首要考量因素。在确定产业转移方向时，企业需对目标市场需求特点、市场规模和增长潜力进行深入研究，以充分了解市场需求结构和变化趋势。只有通过深入市场调研和分析，企业才能更好地把握市场机会，作出正确的产业转移决策。

市场导向原则还要求企业不仅要关注当前市场需求，还要关注未来市场走势和趋势。企业应当根据市场的发展潜力和行业趋势，制定长远的发展战略，以实现产业可持续发展和持续盈利。市场导向原则不仅关乎当前市场的竞争，而且关乎企业未来的生存与发展，因此企业应当将市场导向原则融入其组织文化和经营理念，久而久之，形成一种以市场为导向的战略意识和执行力。

（二）市场导向原则在产业转移中的应用

通过市场导向原则，企业能够更好地了解市场需求和竞争环境，进而制定相应的产业转移策略。

首先，市场导向原则要求企业不仅要关注当前市场状况，还要审慎分析未来市场趋势，以便提前调整生产布局和市场定位，确保产业转移符合市场需求。

其次，市场导向原则强调从市场角度审视产业转移能否为企业带来更广阔的市场空间和更高的市场份额。在实际操作中，企业可以通过市场调研、竞争分析等手段，有效评估产业转移的潜在市场机会和风险，从而制定相应的转移策略。

市场导向原则要求企业在进行产业转移时灵活调整产品研发和营销策略，以适应目标市场的需求。通过市场导向原则，企业可以更加有效地利用现有市场资源，提升市场竞争力，实现产业转移的顺利进行。同时，市场导向原则也强调了企业在产业转移过程中加强与市场主体的合作与沟通，以实现资源共享和互利共赢。

市场导向原则在产业转移中的应用能够帮助企业更好地把握市场动态和发展趋势，指导企业制订科学的产业转移计划，并促进企业在新市场中取得成功。企业在实施产业转移时，应当积极运用市场导向原则，不断优化产业结构，提高市场竞争力，实现持续发展。

（三）市场导向原则对产业转移路径选择的影响

在全球化竞争日益激烈的背景下，市场导向原则通过对市场需求、竞争情况、消费者偏好等因素的考量，指导企业在选择产业转移路径时作出明智的决策。

市场导向原则要求企业深入了解目标市场的需求情况。通过市场调研、竞争分析等手段，企业可以准确把握目标市场的需求特点和趋势，从而有针对性地调整产业结构、提升产品品质，以满足市场需求，提高市场竞争力。

市场导向原则强调对市场竞争情况的敏感度。在产业转移过程中，企业需要关注不同市场的竞争格局和竞争对手的动态变化，及时进行策略调整和产品创新，以保持竞争优势并开拓新的市场空间。

市场导向原则还要求企业关注消费者偏好和市场营销策略的配合。通过精准的市场定位和品牌推广，企业可以提高产品的知名度和美誉度，得到更多消费者的青睐，促进销售额增长，从而推动产业转移和升级。

二、成本优势原则

（一）成本优势原则概述

成本优势原则指的是企业在进行产业转移时，应当考虑新产业基地相对于原有产业基地的生产成本优势，以确保实现经济效益最大化。成本优势原则旨在通过降低生产成本、提高竞争力，促进企业跨地区发展并实现更高的利润率。

在成本优势原则的指导下，企业需要全面评估两地的生产成本差异。这包括劳动力成本、原材料成本、运输成本、税收政策等多个方面的比较。通常情况下，企业可能会选择将生产转移至生产成本更低的地区，以获得成本优势。然而，需要注意的是，成本并非唯一的考量因素，企业还需综合考虑其他因素，如政策环境、市场需求、人才资源等。

成本优势原则在产业转移中的应用涉及企业的战略规划和风险管理。企业在决定转移产业时，需谨慎分析目标市场的发展趋势和竞争格局，以确保能够在新市场中获得成本优势，同时不失竞争力。在实际操作中，企业可以采用成本控制、技术升级、供应链优化等手段，来提高生产效率和降低成本，从而保持成本优势。

成本优势原则对产业转移路径选择的影响是深远的。通过遵循成本优势原则，企业能够规避高成本和高风险的地区，选择更具竞争力的生产基地，实现产业的长期可持续发展。同时，成本优势原则也促进了全球产业链的优化配置，推动了产业升级和转型，为企业发展提供了更广阔的空间。

（二）成本优势原则在产业转移中的应用

成本优势原则着重于寻找生产成本相对较低的地区或国家，以降低生产、运营和管理成本，从而提高企业的竞争力和盈利能力。

在产业转移中应用成本优势原则，企业会倾向将生产基地迁移到劳动力成本相对较低、资源价格更具竞争优势的地区。通过降低生产成本，企业可以优化产品成本，从而提高产品的价格竞争力。

成本优势原则强调对供应链和物流成本的考量。企业在选择产业转移路径时，不仅要考虑生产环节的成本，还要综合考虑原材料采购、物流运输等环节的成本。通过优化供应链和物流体系，企业可以进一步降低整体成本，提升竞争实力。例如，许多跨国企业选择将生产基地迁往东南亚地区，主要是受益于当地较低的人工成本以及便利的供应链网络。这些地区不仅具备相对较低的生产成本，还能够更有效地满足企业的生产需求。

（三）成本优势原则对产业转移路径选择的影响

成本优势原则不仅仅涉及初期投资成本的大小，更影响到整个产业生命周期中的运营成本、管理成本、人力成本等。在进行产业转移路径选择时，企业需要全面考量投资成本以及未来运营成本。成本优势原则强调在保持一定质量水平的前提下，尽量降低生产过程中的各类成本，从而提高企业的竞争力和盈利能力。

成本优势原则还要求企业在选择产业转移路径时考虑到不同地区的成本差异。例如，人工成本、原材料成本、土地成本等在不同市场有着明显的差异，企业应该根据这些成本差异来选择最具优势的产业转移路径。通过合理规划产业布局，将生产要素配置在成本较低的地区，企业可以有效降低生产成本，提高自身的竞争力。

在实践中，成本优势原则对产业转移路径选择的影响体现在多个方面。首先，通过识别各个地区的成本优势和劣势，企业能够更加精准地选择适合自身发展的产业转移路径。其次，成本优势原则为企业提供了一种理性的思考方式，帮助企业在竞争激烈的市场环境中制定合理的战略和决策。

三、技术创新原则

（一）技术创新原则概述

技术创新作为现代产业发展的动力源泉，不仅能够提升产业的竞争力，还能够推动产业结构升级和转型。在实践中，技术创新原则引领着企业实现从传统向现代、从低端向高端转变，从而带动整个产业的升级进程。

技术创新原则的核心在于不断引入新技术、新工艺以及新理念，以满足市场对产品和服务的不断变化和升级需求。通过持续的技术创新，企业可以提高生产效率、降低成本、提升产品质量，从而增强与竞争对手的差异化竞争力。同时，技术创新还可以帮助企业在产业转移过程中找到新的增长点，打破传统发展“瓶颈”，开辟出更为广阔的发展空间。

在产业转移过程中，技术创新原则能够为企业提供决策支持和战略指导。通过不断研发和创新，企业可以不断拓展自身的产品线，不断提升产品和服务的附加值，从而更好地适应市场需求的变化。技术创新原则还能够激发企业的内在动力和创造力，鼓励员工积极参与创新活动，为产业转移注入新的活力和动力。

（二）技术创新原则在产业转移中的应用

技术创新是推动产业发展的重要动力，对于选择产业转移路径具有重要影响。在现代市场竞争激烈的背景下，企业不断寻求技术创新来提高自身竞争力，从而在产业转移中获得更大优势。

1. 帮助企业更好地适应市场需求

随着市场环境的不断变化，企业需要不断改进和升级产品与服务，以满足消费者日益增长的多样化需求。通过技术创新，企业能够引入先进的生产技术和管理方法，提高生产效率，降低成本，从而更好地满足市场需求，提升竞争力。

2. 帮助企业拓展新兴市场

随着全球化发展趋势的日益明显，企业需要不断开拓国际市场，寻找新的增长点。通过技术创新，企业可以开发新产品、新技术，进入具有发展潜力的产业领域，实现市场多元化，提高企业的抗风险能力。

3. 帮助企业打破传统营销模式，实现差异化竞争

随着信息技术的快速发展和互联网的普及，消费者的消费习惯不断变化，企业需要创新营销策略，提高产品和服务的个性化和定制化水平，以吸引更多消费者，提升市场份额。技术创新可以帮助企业进行产品创新、市场定位，提供更具吸引力的产品和服务，树立独特的品牌形象，从而获得竞争优势。

（三）技术创新原则对产业转移路径选择的影响

技术创新不仅仅是产品升级换代，更是推动产业结构升级和产业链提升的力量。在产业转移过程中，技术创新原则对路径选择产生了深远影响。

1. 技术创新的水平直接决定了产业转移的方向和速度

随着科技的不断进步和创新能力的提升，原先完全依赖的生产技术可能已经过时，企业需要走向更具竞争力的新兴市场。技术创新使企业在全球范围内有更大的选择余地，能够更快地顺应市场需求的变化而进行产业转移。

2. 技术创新原则推动了传统产业向高附加值、高科技领域迈进

在选择产业转移路径时，企业倾向于选择拥有技术创新优势的目的地。因为在这样的地方，企业更容易获取创新资源和人才，进而提升自身的竞争力。技术创新原则使得产业转移的目标趋向于高端产业，推动整个产业结构更新和优化。

3. 技术创新原则体现了企业的可持续发展意识

随着全球环境问题的日益凸显，企业开始关注生态环境保护和资源利用效率。技术创新引领企业向更加清洁、环保的产业方向发展，通过技术换代和创新，减少资源消耗，降低环境污染，实现经济效益与生态效益的双赢。

四、产业链协同原则

（一）产业链协同原则概述

产业链协同原则强调不同产业环节的协同合作和衔接，目的在于优化整个产业链的效率和降低生产成本。产业链协同原则的实施需要各个环节的企业加强合作，通过建立合理的合作关系和信息共享机制，实现物流、信息流、资金流的无缝衔接。由于现代产业生产往往是一个复杂的网络结构，不同企业之间相互依赖、相互影响，产业链协同原则能够促进各个环节的有机衔接，提高整体产业运作的效率和竞争力。

（二）产业链协同原则在产业转移中的应用

产业链协同原则是指各个环节相互依存、相互关联，通过协同合作实现效益最大化的理念。在实际应用中，产业链协同原则要求各个环节协调一致，共同促进整个产业的发展。这种协同不仅可以提高整体效率，还可以加速产业升级和转型。

产业链协同原则在产业转移中的应用体现在以下两个方面。

第一，产业链上的各个环节需要形成紧密的合作关系，实现资源共享和互补。供需双方通过协同合作，可以提高生产效率，从而降低生产成本，提高产业竞争力。

第二，产业链协同原则可以促进技术创新和知识转移。不同环节的企业可以共同研发新产品、新技术，实现技术共享和创新驱动。这有助于提升整个产业的技术水平和竞争优势。

产业链协同原则可以促进产业结构的优化和提升产业附加值。产业链上下游企业之间密切合作，可以实现产业结构的协调发展，推动产业价值链的延伸和增值。这有利于提高整个产业的利润空间和市场竞争力。总的来说，产业链协同原则在产业转移中的应用不仅可以帮助企业实现互利共赢，还可以促进整个产业的可持续和健康发展。

五、可持续发展原则

（一）可持续发展原则概述

可持续发展原则强调以经济、社会和环境之间的平衡为基础，追求产业发展的长期健康和稳定。这一原则不仅仅关注眼前的利润和效益，更关注产业对环境的影响以及对社会的责任。因此，在制定产业转移策略时，必须考虑如何在经济增长的同时实现资源的合理利用、环境保护以及承担社会责任。

在实践中，可持续发展原则既是一种发展理念，也是一种行动指南。产业转移涉及资源重置和生产方式的改变，因此必须根据可持续发展原则来引导产业的发展方向。这包括在产业链的每个环节考虑可持续性要求，如在原材料采购、生产过程、产品设计、销售渠道等方面注重节约资源，减少污染，提高效率。同时，在不同地区进行产业转移时，也应该充分考虑当地的环境特点和社会需求，避免对当地环境造成不可逆的损害，确保产业转移的可持续性。

可持续发展原则要求产业在转移过程中积极承担社会责任。企业应当遵守当地的法律法规，关注员工的权益和福利，参与社区建设和公益事业，推动社会经济可持续发展。通过遵循可持续发展原则，产业转移不仅可以实现企业自身的持续发展，还能为当地经济社会带来积极的影响，实现共赢。

（二）可持续发展原则在产业转移中的应用

在产业转移中应用可持续发展原则，可以实现产业的长远发展，并最大限度地减少负面影响。

1. 环境保护

通过采用清洁生产技术和减少环境污染的措施，企业可以减少对环境的破坏，实现经济增长与环境保护双赢。例如，引入环保设备和技术，降低排放标准，实现生产过程的资源节约和废物减排，从而推动可持续发展目标的实现。

2. 社会责任

企业应当关注员工权益、社会公益以及当地社会的发展。通过建立合理的薪酬体系、提供员工培训和发展机会,企业可以增强员工的归属感和忠诚度,促进社会稳定的实现。企业还可以通过开展公益活动、支持当地教育和环保项目等方式,回馈社会,提升自身形象,构建和谐社会。

3.经济可持续性

企业应当注重长期发展战略,建立健康的企业文化,并与当地政府、行业协会等合作伙伴建立良好的合作关系。企业应当注重利润与社会责任的结合,以实现长期盈利并在市场竞争中保持竞争优势。

第二节　产业转移路径选择的策略

一、产业转移的效益分析

(一)经济效益分析

经济效益分析旨在评估产业转移对经济发展的潜在影响,为决策者提供有力的数据支持和依据。在进行经济效益分析时,需综合考虑多个因素,以确保其全面、客观、科学。

在进行经济效益分析时,需要评估产业转移对当地经济结构的影响。这包括产业转移可能带来的新增产值、就业机会、税收贡献等方面的变化。对这些方面进行评估,可以量化产业转移对当地经济的正面影响,为决策提供经济效益方面的重要参考依据。

在进行经济效益分析时,需要重点关注产业转移对当地居民生活水平的影响。产业转移可能带来工资水平的变化、消费水平的提升等,这些都将对当地居民的生活产生深远影响。因此,在评估经济效益时,不仅需要考虑产业层面的效益,还需要关注对居民福祉的提升效果。

在进行经济效益分析时,还应考虑产业转移对当地资源利用的影响。产业转移可能导致资源配置的变化,影响当地资源的利用效率和可持续性。因此,在评估经济效益时,需要综合考虑产业转移对资源利用的影响,以确保产业转移路径选择能够实现资源的有效配置和可持续利用。

(二)社会效益分析

社会效益评估可以帮助决策者全面地了解产业转移可能带来的社会影响,从而作出更明智的决策。要考虑的是产业转移可能对原有劳动力的影响。在产业转移过程中,原有产业的工人可能面临失业或转岗的情况,这对他们的生计产生了影响。因此,需要分析产业转移后对当地劳动力市场的影响,制定相关的就业援助政策,帮助受到影响的工人重新就业或接受职业培训,以减少产业转移可能带来的社会不稳定因素。

社会效益分析要考虑到产业转移可能对当地社会结构和社会福利产生的影响。产业转移往往会带动当地经济发展,可能影响当地的收入水平、受教育水平和医疗条件等。因此,在进行产业转移路径选择时,需要充分考虑到这些社会因素,制定相应的政策来促进当地社会的可持续发展。

社会效益分析要考虑到产业转移可能对当地社会环境的影响。产业转移可能会带来污染、噪声等环境问题,影响当地居民的生活质量。因此,在产业转移过程中,要合理规划产业布局,采取有效的环境保护措施,减少产业对当地环境的影响,保障当地居民身体健康和良好的生活环境。

在进行社会效益分析时,还需要考虑到产业技术创新对社会的影响。传统产业转移可能会导致技术更新换代,一些低技术含量的岗位会逐渐消失,需要推动企业加强技术创新,提高员工的技术水平,以适应新的产业转移趋势。产业技术创新对社会经济的发展起着至关重要的作用,也是产业转移路径选择策略中必须要考虑的一个方面。

(三)环境效益分析

环境效益分析旨在评估产业转移对环境的影响,从而确定最佳的产业转移路径。

环境效益分析需要综合考虑产业转移后可能带来的污染、资源消耗和生态破坏等方面。在评估过程中,应当充分考虑转移前后环境质量的变化情况,并对可能产生的负面影响进行全面评估。

环境效益分析需要考虑产业转移对当地生态系统的影响。这包括评估转移过程中可能对当地植被、动物群落、水资源和大气环境等造成的影响,从而确定产业转移是否符合当地生态环境的承载力和可持续发展的要求。这需要综合考虑生态系统的稳定性、多样性和适应性等因素。

环境效益分析应当充分考虑产业转移对当地环境质量改善的潜在作用。产业转移不仅能带来负面影响,也能为当地提供更清洁、高效的生产技术和资源利用方式,从而促进环境质量提升。在分析过程中,需要重点关注产业转移后可能带来的环境监控、治理技术和管理体系建设等方面的效益。

环境效益分析还需要考虑产业转移对当地社会环境的影响。这包括转移后可能带来的就业机会增加、产业结构优化和经济发展水平提升等方面。在分析过程中,需要综合考虑环境效益与经济效益之间的协调关系,为产业转移路径的选择提供科学依据。

二、产业转移区位选择

(一)地理位置分析

在产业转移过程中,地理位置所承载的区位优势,直接决定了企业在新区域内的发展空间和竞争优势。在进行地理位置分析时,交通便利性是地理位置选择的重要考量因素之一。一个地区是否有便捷的交通网络,直接关系到企业原材料采购、产品销售以及人员流动等方面的效率和成本。

在进行地理位置分析时,市场接近度也是企业需要考虑的关键因素之一。企业需要选择距离主要市场较近的地理位置,以减少运输成本和缩短产品到达市场的时间。

在进行地理位置分析时,地理位置的自然资源分布也是一个重要考虑因素。如果一个地区拥有丰富的自然资源,企业的生产和运营将具有显著的优势。综合考虑这些因素,企业应根据自身的产业特性和需求,在地理位置分析中权衡利弊,选择最适合自身发展的地理位置进行产业转移。

(二)劳动力资源分析

在产业转移路径选择策略中,劳动力资源作为支撑产业发展的重要基础,直接影响产业转移的最终效果。在进行产业转移区位选择时,必须充分考虑劳动力资源的各种因素。

1.劳动力资源的数量和质量

随着城市化进程的加快和人口结构的变化,各地劳动力资源的数量和质量在不断发生变化。因此，在进行产业转移区位选择时，需要充分考虑目标区域的劳动力资源是否充足、是否具备所需技能等。

2.劳动力成本

不同地区的劳动力成本存在较大差异，高昂的劳动力成本可能导致企业利润减少，影响产业的可持续发展。因此，在进行产业转移区位选择时，需要综合考虑劳动力成本与劳动力质量的平衡，寻找最适合的劳动力资源配置方案。

3.劳动力资源的技能结构和培训水平

现代产业转移对于劳动力技能的需求越来越高，需要具备一定专业技能和素质的劳动力。因此，对目标地区劳动力的技能结构和培训水平进行全面评估，能够为产业转移的成功落地提供有力支持。

4.劳动力资源的可持续性

产业转移不仅仅是一时的搬迁，更重要的是要保持产业可持续发展。因此，选择劳动力资源丰富、稳定、有发展潜力的地区，能够为产业的长期发展奠定坚实的基础。

（三）基础设施分析

在产业转移过程中，基础设施的完善与否直接影响产业的运作效率和发展潜力。基础设施的完备性对于产业转移的顺利实施起着至关重要的作用。在选择产业转移的目标地区时，企业应当注重分析该地区基础设施的现状和发展潜力。一个拥有完善基础设施的地区，可以更好地支持新产业的落地和发展，在交通、能源、通信等方面提供便利条件。

基础设施的更新与扩建是产业转移过程中需要考虑的重要因素。随着产业的转移，对基础设施的需求会不断增加。因此，企业需要评估目标地区的基础设施现状，分析其与产业需求的匹配程度，并在必要时更新和扩建基础设施。只有确保基础设施跟得上产业发展的步伐，产业转移才能顺利进行并取得成功。

基础设施的水平直接关系到劳动力和资源的有效利用。一个良好的基础设施体系可以提高生产效率，降低运营成本，吸引更多的投资和人才。因此，在进行基础设施分析时，企业应当从全面、系统的角度出发，综合考量交通、能源、通信等多个方面，为产业转移提供有力支撑。

在评估基础设施时,企业还需考虑其可持续性。随着产业的发展和城市化进程的加快,基础设施的质量和数量需不断提升和扩展,以适应产业和城市发展的需要。因此,在基础设施分析中,企业应当着眼于未来发展需求,制定长远规划,确保基础设施建设能够满足产业发展的需要,实现可持续发展的目标。

(四)政策环境分析

在产业转移过程中,政府的产业政策、税收政策、贸易政策等都会直接影响产业转移的决策和进程。政府的产业政策对于企业的发展方向和转移路径具有引导作用。一些地方政府为了吸引外资和引进先进产业,会提供各种优惠政策,如税收优惠、土地补贴等,这些政策将直接影响企业的选择。

税收政策是企业考虑产业转移的重要因素之一。不同地区的税收政策也有所不同,部分地区可能会出台减免税收政策来吸引企业转移,这将对企业的成本和利润率产生影响。此外,政府的贸易政策也会对产业转移产生影响。一些地方可能会通过设立自由贸易区等方式吸引外资企业,而一些政策上的限制可能会对产业转移形成一定的障碍。

政府的宏观经济政策和发展规划也是产业转移需要考虑的因素之一。政府对于不同产业、不同区域的发展规划和政策支持会影响企业的选择。政府对于产业发展的战略目标、绿色发展等方面的政策也会影响企业的决策过程。因此,在进行产业转移区位选择时,充分了解当地政府的政策环境是至关重要的,企业需要在政策的引导下作出最优决策。

政策环境作为产业转移的重要因素之一,对于企业的决策和实施具有重要意义。在进行产业转移路径选择时,充分考虑政策环境的影响,有利于企业作出符合实际情况和长远发展的决策,推动产业转移路径的选择与实施。

三、产业转移行业选择

(一)行业竞争力分析

在进行产业转移行业选择时,行业竞争力直接影响企业在该行业中的生存和发展。通过对行业竞争力的分析,企业可以更好地了解行业内各竞争者之间的关系,发现行业的发展态势,抓住竞争优势和劣势,从而制定相应的战略规划。

行业竞争力分析需要对行业内各竞争者的市场占有率、产品质量、价格竞争力、市场营销能力等方面进行全面评估。比较不同竞争者的实力，可以初步了解行业内部的竞争格局和竞争力分布情况。

行业竞争力需要从供应商、客户、替代品和潜在竞争者等外部环境因素来进行分析。供应链的稳定性、客户忠诚度、替代品的威胁以及潜在的新进入者都会影响行业的竞争力。因此，全面考量外部环境因素对行业的影响是不容忽视的。

行业竞争力分析还要结合市场需求和行业发展趋势进行综合评估。随着市场需求的变化和行业发展的趋势，行业竞争力会不断发生变化，因此及时跟踪市场动态和行业趋势对于制定合适的竞争策略至关重要。

(二)行业增长潜力分析

在进行产业转移决策过程中，行业增长潜力直接关系到一个行业未来的发展前景，对于企业选择产业转移的目标行业具有重要的指导意义。行业增长潜力分析主要包括市场发展趋势分析、产品创新能力分析、消费者需求变化分析等方面。

1.市场发展趋势分析

通过对市场供需关系的分析，企业可以了解市场的发展状态和潜在的增长机会。在进行行业增长潜力分析时，企业需要对市场规模、增长速度、竞争格局等因素进行全面评估，以确定行业是否有望实现持续增长。

2.产品创新能力分析

产品创新是推动行业发展的关键动力，具有重要的竞争优势。通过研究行业的技术创新能力、产品差异化水平、研发投入等指标，企业可以评估行业的产品创新潜力，为企业选择适合的转移行业提供参考依据。

3.消费者需求变化分析

行业需求的变化趋势和消费者偏好的变化对行业的发展方向具有重要的指导意义。企业需要通过深入了解消费者需求的变化趋势、市场细分情况和消费者行为特点，来预测未来行业的增长潜力，并据此选择适合的产业转移行业。

(三)行业技术水平分析

在产业转移过程中，行业技术水平的高低，直接影响企业在新的产业环境中的竞争力和长期发展。在进行行业技术水平分析时,需要考虑多个方面。

1.对目标行业的技术创新能力进行评估

技术创新是推动行业发展的主要驱动力之一,具有较高技术创新能力的行业往往能够快速适应市场变化,提高产品质量和效率,拓展市场份额。因此,对目标行业的技术创新历史、研发投入、专利数量等方面进行深入分析,可以帮助企业确定行业技术水平的优劣。

2.考虑行业的技术成熟度

技术成熟度反映了行业的技术发展阶段和水平,从而影响着行业未来的发展潜力。通常来说,技术成熟度高的行业可能面临市场饱和与激烈竞争,而技术成熟度低的行业则可能存在创新机会和增长空间。因此,分析目标行业的技术标准、技术应用程度等方面,可以全面评估该行业的技术成熟水平。

3.对行业技术发展趋势的预测

随着科技的进步和市场需求的变化,行业技术水平会不断发生变化。对未来技术发展方向、热点领域等进行深入研究,可以帮助企业更好地把握技术发展趋势,作出明智的决策。

(四)行业市场需求分析

在产业转移过程中,了解目标市场的需求情况,可以帮助企业更好地制定产业转移战略,提高产业竞争力。

行业市场需求分析需要关注目标市场的总体市场规模和增长趋势。通过对市场规模的分析,企业可以识别潜在的市场机会,确定市场定位和目标客户群体。

行业市场需求分析需要对目标市场的消费趋势、消费习惯和需求结构进行深入研究。这有助于企业了解消费者的需求偏好,从而调整产品组合和服务策略,提升市场竞争力。

行业市场需求分析应考虑市场的竞争格局和竞争对手的表现。通过对竞争对手的分析,企业可以评估自身的市场定位和竞争优势,制定相应的市场推广策略和产品差异化战略。

行业市场需求分析需重点关注未来市场的趋势和变化。行业需求会随着市场环境的不断变化而变化。因此,企业需要不断更新对市场的认识,灵活调整产业转移策略，以适应市场动态变化，保持竞争优势。

四、产业转移模式选择

(一)直接转移模式

直接转移模式指的是企业将生产设备、技术和资金等要素直接转移到新的产业目的地，以实现产业升级和发展的战略举措。在这种模式下，企业可以快速启动新的生产线，并且能够迅速适应当地的资源环境，提高生产效率和降低成本。因此，直接转移模式通常适用于生产设备先进、技术水平高、资金实力雄厚的企业。企业通过直接转移模式，能够迅速在新的产业转移区位建立起生产基地，进而占据市场先机，实现产业快速扩张和转移。

直接转移模式可以带来技术溢出效应。企业在转移过程中，往往会将先进的生产技术和管理经验带入新的产业转移地，从而推动当地产业升级和技术进步。这种技术溢出效应不仅有助于提升当地产业的竞争力，还能够促进产业转移地区的经济发展。因此，对于一些发展中国家和地区而言，吸引先进企业通过直接转移模式进行产业转移，不仅可以获取外部技术和资金支持，还能够推动本地产业结构优化和升级。

直接转移模式也存在一定的挑战和难点。例如，企业在转移过程中可能会面临当地政策法规、文化习俗和市场需求等方面的不适应，导致产业转移效果不佳。直接转移到新的区域可能会涉及产能过剩、资源浪费等问题，需要企业在转移过程中做好规划和风险管控。

(二)持续转移模式

持续转移模式是指企业在完成初步转移后，并不立即停止生产和业务活动，而是通过一定时间的过渡和转移过程，逐步将全部或部分生产线、业务等迁移至新的区域。这种模式通常受到一系列因素的影响，包括市场需求、政策环境、劳动力成本以及目标市场的竞争格局等。

持续转移模式的优势在于平稳过渡。相较于直接转移模式或分步转移模式，持续转移模式可以减轻生产线转移带来的压力和风险，有利于保持企业生产和经营的稳定性。同时，持续转移模式也有利于稳定原有市场，并逐步拓展新市场，有助于企业实现转型升级。

持续转移模式也存在一些挑战和难点。

首先，持续转移模式需要企业具备较强的资金实力和管理能力，因为在转移过程中需要同时维持原有生产和新生产的运作。

其次，持续转移模式要求企业具备足够的市场洞察和战略眼光，以应对转移过程中可能出现的市场变化和竞争挑战。

（三）分步转移模式

分步转移模式指的是将产业逐步迁移至新的区域或国家，而非一次性完成整体转移。该模式通常分为几个阶段，每个阶段都有相应的措施和策略，以确保产业转移顺利进行和实现效益最大化。

在分步转移模式中，第一阶段通常涉及对新区域或国家的调研和评估工作。这一阶段的关键是确定转移的必要性和可行性，分析目标地区的产业环境、政策支持和市场需求等因素，为后续转移奠定基础。需对原产业的核心技术和人才进行评估，制订合理的转移计划和时间表。

随着初步准备工作的完成，分步转移模式的第二阶段将着重于转移过程中的风险管理和渐进调整。在实际执行中，企业需要根据实际情况逐步迁移生产线、供应链和市场渠道，同时逐步培训本地员工，确保生产和运营平稳过渡。此阶段的关注点主要在于如何管理好原产地和目标地之间的平衡发展，避免资源浪费和人才流失。

随着产业转移的逐步深化和扩展，分步转移模式的第三阶段则注重于新产业根深蒂固的发展和本地化适应能力的提升。在这一阶段，企业应加大对新地区的投入和支持力度，建立健全的产业链和生态系统，推动新产业在目标地区快速成长和融入。企业还需要关注跨区域合作和资源整合，实现原地和目标地的优势互补，实现可持续发展和共赢。

在采用分步转移模式的产业转移路径选择策略中，企业要不断总结经验和教训，不断完善转移策略和方法，以提高转移效率和成功率。此外，企业还需密切关注国际贸易和投资政策的变化，灵活调整产业结构和市场定位，适应全球化经济格局的发展变化，实现产业转移的长远发展目标。

（四）混合转移模式

混合转移模式通常结合了直接转移模式和间接转移模式的优势，既能够快速实现产业转移,又能够有效降低转移风险。这一模式的选择标准主要取决于企业自身的特点、转移目标、市场需求以及政策环境等因素。

混合转移模式的一个典型特征是灵活性和可定制性。企业可以根据实际情况进行组合搭配,灵活调整转移的方式和步骤。举个例子,企业可以先在目标地区建立生产基地,然后逐步将研发中心和市场销售团队转移到新地点,以实现生产、研发和销售的有序转移。这种有序的转移过程有助于减少员工流失、保持关键技术和市场渠道的稳定性,在产业转移过程中起到了关键作用。

混合转移模式还可以帮助企业分散风险、降低成本。通过将生产、研发、市场等环节分阶段转移,企业可以逐步适应新的环境,减少因转移而导致的不确定性和风险。混合转移模式也可以降低产业链各个环节的转移成本,提高整体的效益和竞争力。

第三节　产业转移路径的优化

一、产业转移路径优化的目标与原则

(一)产业转移路径优化的目标

产业转移路径优化的目标应当明确,可行且具体,以便为实施策略提供清晰指引。产业转移路径优化的主要目标之一是实现产业结构的调整和优化,促进产业升级和转型。这意味着需要重点关注产业结构的合理布局,推动传统产业向高新技术产业转变,提高产业附加值和竞争力。

在确定产业转移路径优化的目标时,需考虑到对经济社会可持续发展的贡献。产业转移路径优化不仅仅是为了短期经济利益,更要注重长期效益和社会责任。因此,目标的设定应当兼顾经济增长、环境保护、社会公平等多方面,以实现经济社会可持续发展的目标。

产业转移路径优化的目标还应考虑到产业政策、科技创新、人才培养等方面的需要,以推动产业结构不断优化升级。制定明确的目标并落实到实际操作中,可以更好地引导各类主体的行为,推动整个产业转移路径顺利实施。

(二)产业转移路径优化的原则

遵循市场需求和产业规律是产业转移路径优化的原则之一。在制定产业转移策略时,必须充分考虑市场需求和批发对产业发展的影响,以确保转移过程的可持续性和有效性。

坚持可持续发展原则是产业转移路径优化的重要保障。在推动产业转移的过程中,不仅要注重眼前效益,而且要考虑到环境、资源的可持续利用以及对社会的积极影响。

创新驱动原则是产业转移路径优化的核心。增加创新投入,优化资源配置,不断提升产业结构和技术水平,从而实现产业升级和转移的可持续发展。

值得注意的是,坚持政策引导原则对于产业转移路径优化至关重要。政府可以通过财政、税收、金融等政策手段,引导和规范产业转移的方向和速度,实现转移过程中各方的共赢。

(三)目标与原则的关系

在产业转移路径优化过程中,确定目标与遵循原则是至关重要的。目标的设定直接影响产业转移的方向和效果,而原则是指导行动的准则和规范。目标与原则之间存在密切关系,相辅相成,相互作用。

在确定产业转移路径优化的目标时,需要考虑多个因素。目标应该明确、具体,既要符合产业发展的趋势,又要兼顾当地资源、环境和人才等方面的特点。例如,制定提高产业附加值、增加就业机会、实现产业升级等目标,以实现产业结构调整和转型升级。目标的设定需要全面考虑各方面的利益,确保符合长远发展规划。

产业转移路径优化的原则应该是稳定的指导性规范。原则是建立在对目标的深入理解和分析基础上的,应该体现科学性、可操作性和可持续性。例如,在实践中,应该遵循市场化、产学研用结合、创新驱动等原则,促进产业创新和增强竞争力。在确定原则时,可以参考国家相关政策文件和成功案例,借鉴先进经验,确保原则的科学性和可行性。

目标与原则之间是相互促进、相互制约的关系。目标的设定必须遵循一定的原则,而原则的制定也应该服务于实现既定目标。在实际操作中,目标的实现离不开原则的指导,遵循原则有助于确保目标顺利实现。目标与原则之间是相互交织的，需要在实践中不断调整和优化，以实现产业转移路径的有效优化。

二、产业转移路径优化的战略框架

（一）战略框架的设计

需要明确目标与原则，明确产业转移的方向和指导思想。在设计产业转移路径优化的战略框架时，需要综合考虑产业转移的外部环境和内部资源，确定适合的产业结构和布局。这包括考虑不同产业领域的优势和劣势以及它们之间的协同作用和转移关系。在设计战略框架时，还需要充分考虑政府政策、市场需求、技术创新等因素的影响，以便制订具体可行的实施方案。

设计战略框架需要进行彻底的调研和分析，包括市场趋势、竞争对手、消费者需求等方面的信息收集和分析。只有了解产业现状和未来发展趋势，才能为战略框架的设计提供有力支撑。此外，还需要与各利益相关者进行深入沟通和交流，包括企业、政府、学术界、社会组织等，以便在设计战略框架时考虑各方利益和需求，提高战略框架的可操作性和适应性。

设计战略框架需要关注可持续发展理念，考虑环境保护、资源利用效率、社会责任等方面。只有在设计阶段就注重可持续性，才能使产业转移路径优化的战略框架具有长远的发展前景。综上所述，在产业转移路径优化的战略框架设计阶段，需要综合考虑多个方面，保持前瞻性和系统性，确保战略框架的科学性和有效性。

（二）战略框架的实施

在实施阶段，需要明确具体的行动计划和时间表，确保所有的决策和措施都能被有序地执行。在实施阶段，需要确保在制定战略框架时已经考虑到实施的可行性和可操作性，避免出现理论脱离实际的情况。在实施阶段，需要建立起有效的组织机制和协调机制，明确各部门的职责和任务，确保各项工作协调一致。在实施过程中，要重视信息共享和沟通，以确保全员了解战略框架的重要性及其意义，促使员工积极配合，推动战略框架得到有效实施。

在战略框架的实施过程中，必须随时进行监测和评估，及时发现问题并采取纠正措施。建立绩效评估体系，制定明确的指标和评价标准，定期对实施效果进行评估，及时调整战略框架中的不足之处。同时，要不断优化和升级战略框架，保持其与实际情况的契合度，确保产业转移路径优化战略框架的长期有效性。

三、产业转移路径优化的要素

(一)产业转移路径优化的要素识别

要素识别是指对现有产业转移路径中各种所涉及的要素进行全面梳理和归类，以确定哪些要素对于产业转移路径的选择和优化具有关键作用。在进行要素识别时，需要对产业本身特点、转移路径特征、国家政策环境等要素进行全面考量。

在要素识别过程中，需要将产业转移路径优化的目标与原则作为基础框架，以确保所识别出的要素符合整体优化目标，并且能够遵循相关的指导原则。要素识别还需要考虑产业转移路径优化的战略框架，确定在要素识别过程中应该关注哪些要素，以达成战略目标。

对于不同产业转移路径的要素，需要进行详细的分析，包括对各要素之间的相互关系、作用机制等方面进行清晰的梳理。进行要素分析，可以更好地帮助企业把握产业转移路径中各种要素的重要性和影响程度，为后续的要素优化提供有力支持。

在要素优化阶段，应重点关注发现的关键要素，对其进行深入研究和优化，以实现整体转移路径的效益最大化。要素优化的实施策略应该包括具体的行动方案和实施计划，确保优化工作顺利进行，并最终实现产业转移路径的可持续优化。要素优化的实施效果应该通过定性和定量的指标进行评估，以验证优化工作的成效。

(二)产业转移路径优化的要素分析

要素分析旨在深入探讨影响产业转移路径选择的各种要素，包括但不限于资源环境、市场需求、政策法规、技术创新等方面。对这些要素的全面分析，可以为制定科学合理的转移路径提供有力支撑。

1.资源环境

产业转移不仅是经济活动的转移，还是资源配置的重新安排。资源环境的优势与劣势直接影响了产业培育和发展的方向与效果。因此，在进行要素分析时，需要对当地的资源禀赋、环境容量、生态保护等方面进行深入研究，找出资源环境对产业转移的影响和制约。

2.市场需求

市场需求是产业生产的重要动力，也是产业发展的根本依托。在进行要素分析时，要结合市场需求的变化趋势和特点，分析不同市场对产业转移的吸引力和潜在机遇，为选择适宜的转移路径提供参考依据。

3.政策法规

政策法规的制定和实施直接影响了产业的生态环境和行为规范。在要素分析过程中，需要综合考虑各级政府的相关政策和规划文件，分析政策法规对产业转移的引导与推动作用，为产业转移路径的制定提供政策保障。

4.技术创新

技术创新是产业升级和转移的内在驱动力量，对于提高产业转移路径的效率和质量至关重要。在要素分析过程中，需要深入挖掘当地的技术创新实力和潜力，为产业转移路径的优化提供技术支撑和保障。

(三)产业转移路径优化的要素优化

要素优化的目标是通过对各个要素的调整和改进，提高整体产业转移的效率和效益。实施要素优化的流程如下。

首先，需要对各个要素进行充分识别。要素识别即基于对产业转移现状和问题的深入分析，明确影响产业转移的各种关键要素。这些要素可以包括政策环境、市场需求、人才储备、资源配置等多个方面，每个要素都有可能对产业转移路径产生重要影响。

其次，要素分析阶段。要素分析即对每个被识别出的要素进行细致的分析和评估，从而找出各个要素之间的联系和影响方式。对要素进行分析，可以深入了解各个要素之间的相互作用，找出其中存在的症结和“瓶颈”，为接下来的优化工作奠定基础。

再次，要素优化阶段。要素优化是要素识别和分析的延伸，是针对已识别的关键要素进行调整和改进，以达到优化整个产业转移路径的目的。要素优化可能涉及政策调整、资源配置、技术创新等多个方面的工作，需要综合考虑各种因素的影响和潜在风险，提出科学合理的优化方案。

最后，评估要素优化的实施效果。要素优化的实施效果是优化工作的最终体现，对优化过程和结果进行评估，可以从中及时发现问题和不足，及时调整和改进优化方案，确保最终实现产业转移路径的优化目标和效果。在实施效果评估过程中，需要重点关注各个要素的变化情况，对比优化前后的差异和改善效果，为未来的产业转移路径优化提供经验和借鉴。

(四)产业转移路径优化要素优化的实施效果

在产业转移路径优化的实施过程中，要素优化的实施效果直接影响产业转移的顺利进行和转移目标的实现。要素优化的实施效果包括多个方面，需要全面考虑各种因素对产业转移的影响，确保整个优化过程的有效性和可持续性。

要素优化的实施效果需要考虑政策支持的作用。政策支持是产业转移路径优化中不可或缺的一环，只有政策支持得当，才能为要素优化提供坚实的基础。政策支持涉及产业政策、财税政策、人才政策等多个方面，只有政策措施得力，各项要素的优化才能充分发挥效果。

要素优化的实施效果与技术创新密不可分。技术创新是推动产业转移的重要动力之一，只有在不断提升技术水平的基础上，要素优化才能真正实现。技术创新不仅包括生产技术、管理技术的创新，还包括数字化、智能化等方面的创新，技术创新可以提升企业和整个产业的竞争力。

要素优化的实施效果需要考虑环境保护和资源利用的平衡。在产业转移过程中，环境保护和资源利用是必须考虑的重要因素，要素优化不能以牺牲环境为代价。只有实施清洁生产，推动绿色转型，实现资源高效利用，才能确保要素优化的实施效果符合可持续发展的要求。

要素优化的实施效果需要注重产业结构调整和市场需求匹配。产业结构调整是实现要素优化的关键，只有进行有效的结构调整，才能使各要素之间相互匹配、相互促进。同时，还需要关注市场需求的变化，确保要素优化与市场需求相协调，使产业转移路径优化能够更好地适应市场变化和行业发展需求。

四、产业转移路径优化的实施策略

(一)产业转移路径优化实施策略的制定

首先，进行问题诊断，全面分析当前产业现状，明确产业转移的动力和阻碍因素。

其次，结合市场需求和政策导向，确定产业转移的方向和目标。

再次，制定明确的时间表和阶段性目标，确保实施过程有序推进并达到预期效果。

然后，充分考虑资源配置和风险控制因素，合理分配资金、人力和技术支持，确保实施策略的可行性和持续性。

最后，建立监测评估机制，及时调整策略并对实施效果进行评估，为产业转移路径的优化提供决策参考。

通过以上步骤制定的实施策略可以更加科学、合理，从而提高路径优化的成功率和效果。

(二)产业转移路径优化实施策略的执行

首先，需要明确指导思想和总体目标。在制定实施策略前，必须明确定义产业转移的目标与原则，确立明确的战略框架，并明确融合各要素的路径，以达到良好的协同效果。制定实施策略时，需要充分考虑产业规模、资源配置、市场需求等相关要素，确保策略的制定具有系统性和整体性。

其次，需要注重组织协调与资源整合。在实际操作中，需要形成强有力的组织架构和组织机制，确保各部门、各岗位协作配合，以提高执行效率。需要充分整合各类资源，包括人力资源、物质资源和财务资源，确保资源的有效配置和利用，从而支撑实施策略顺利进行。

再次，需要强调信息的收集与反馈。及时收集各类数据和信息，可以对实施情况进行监控，及时发现问题和调整策略。同时，建立有效的反馈机制和信息共享平台，可以促进不同部门之间的沟通与合作，加快信息传递和决策执行的速度。

最后，需要注重结果评估和绩效考核。制定明确的实施指标和绩效评估体系，可以对执行效果进行客观评估，及时发现亮点和问题，并作出相应调整。对实施策略的效果进行评估，可以为下一阶段的实施提供经验借鉴，不断优化和改进路径优化的实施策略。

(三)产业转移路径优化实施策略的效果评估

对实施策略的效果进行评估，可以及时发现问题，调整策略方向，确保转移路径顺利进行。

首先，需要建立科学、全面的评估指标体系。这个指标体系应该包括各项关键指标，如产业转移速度、转移成本、转移效益等，以全面反映实施策略的效果。

其次，在评估过程中要充分依据数据进行分析，客观评价效果，避免主观臆断造成偏差。评估过程中还应考虑到产业转移过程的复杂性和不确定性，灵活应对各种情况，提高评估效果的准确性。

再次，需要注重各利益相关方的参与和反馈。与相关部门、企业合作，收集各方意见和建议，形成多维度的评估视角，提高评估的客观性和全面性。在实施策略的效果评估过程中，应注重定期监测和反馈，及时发现问题，及时调整策略，确保实施效果符合预期目标。

最后，在进行效果评估时，要考虑到整体路径优化的长期性和可持续性，不断改进评估方法和手段，确保路径优化的长期效果。

第五章　产业转移的经济影响

第一节　产业转移对贸易的影响

一、产业转移对贸易结构的影响

（一）产业转移对贸易结构的直接影响

在当前全球化背景下，产业转移导致了生产要素向成本更低、效率更高的地区重新配置，进而改变了各国贸易结构。例如，原本依赖于传统产业的发展中国家，随着产业转移带来的先进生产技术和管理经验的引进，逐渐实现了产业升级和结构转型，从而使其出口产品更具竞争力，贸易结构也得到了优化。

产业转移引发的产业重心变迁，也直接影响各国的贸易发展格局。以中国为例，过去几十年来的产业转移，使得中国成为世界工厂，其加工制造业出口占据了全球很大比重。这种重心转移给中国带来了巨大的贸易优势，但也让中国面临国际贸易摩擦和贸易竞争的挑战。

产业转移还促进跨国公司的发展和国际产业链的形成。随着产业转移的加速推进，跨国公司越来越多地将生产环节分散到全球各地，且通过建立产业链合作伙伴关系，实现了全球资源的整合和生产效率的最大化。这种产业链的构建不仅改变了贸易结构，也深刻影响了各国之间的贸易流量和合作关系。

产业转移对贸易结构的直接影响是多方面的，不仅改变了各国的产业组成和贸易优势，也推动了贸易方式的创新和贸易模式的演变。在全球化背景下，产业转移与贸易结构之间的互动关系将继续深化，为世界各国的贸易合作和经济发展带来新的机遇和挑战。

（二）产业转移对贸易结构的间接影响

产业转移对贸易结构的间接影响主要表现在两个方面：一是对产业链的重新构建与调整；二是对所涉及国家或地区间贸易关系的重塑。

产业转移导致全球产业链的重置和调整，从而影响了各国在全球价值链中的定位。随着产业链向低成本地区转移，原有产业链各个环节的地理位置可能发生变化，进而影响各国在全球产业链中的地位和竞争力。这种变化不仅会对各国的出口结构和贸易伙伴产生影响，也会重新定义全球贸易格局，促使相关国家调整其贸易策略和政策。

产业转移会重塑涉及国家或地区间的贸易关系。随着产业的转移和重新定位，原有的贸易伙伴关系可能发生变化，新的贸易伙伴关系也会形成。一方面，产业转移可能导致原有贸易关系减弱或消失；另一方面，新兴的产业链可能促进新的贸易合作与伙伴关系的形成。这种变化将对各国的贸易结构和贸易流量产生深远影响，促使相关国家重新审视和调整其贸易政策，以适应新的贸易环境。

二、产业转移对贸易流量的影响

(一)产业转移与贸易流量的关系

产业转移作为一种经济现象，不仅影响着国内产业结构和经济发展，同时也对国际贸易格局产生重要影响。从宏观层面上看，产业转移导致了生产要素的重置，包括资本、劳动力和技术等要素的跨境流动，进而对全球贸易流量产生直接和间接的影响。

产业转移会改变不同国家和地区之间的产业分工和供应链格局，从而影响其对外贸易的规模和结构。一方面，原先在发达国家的制造业产能被转移至成本更低的新兴市场国家，导致了原产国的出口额减少；另一方面，产业转移为转入国带来了新的贸易机会，促进其出口规模增长。因此，产业转移可以促使贸易流量在不同国家和地区之间重新分配，对全球贸易结构产生深远影响。

产业转移通过技术创新和产业链延伸等途径，影响了贸易流量的走势。随着产业转移的进行，传统产业向高附加值产业和服务业转型升级的趋势明显，这种产业结构的优化和升级也助推了贸易流量的更新和优化。新兴产业链的形成，跨国公司的战略布局调整以及跨境电子商务的兴起等，都对贸易流量的发展产生了积极影响。

因此，在全球化背景下，产业转移与贸易流量之间的关系变得日益密切。产业转移不仅改变了各国的产业结构和经济发展路径，也影响着各国之间的贸易往来和竞争格局。对此，政府和企业需要更加注重产业转移对贸易流量的影响，制定相应的政策和战略，以应对全球产业转移带来的挑战和机遇。

(二)产业转移对贸易流量的影响机制

在全球化背景下,产业转移通过不同国家和地区生产要素配置的相互作用,影响贸易流量的走势。具体而言,产业转移会引起生产要素的重置,从而改变供应链和价值链的组织结构,进而对贸易流量产生影响。在这一过程中,原产地和目的地之间的关联性和依赖度将发生变化,促使整体贸易流向发生调整。

产业转移对贸易流量的影响涉及成本、效率和市场规模等方面。随着产业转移的进行,生产成本的变化会直接影响到商品的国际竞争力,进而影响贸易流量的大小和方向。同时,产业转移带来的生产效率变化也会影响到贸易流量的稳定性和增长速度。此外,产业转移还会带来市场规模的扩大或收缩,从而改变贸易主体之间的交易量和结构。

产业转移对贸易流量的影响机制需要考虑到技术创新和市场需求变化等因素。随着产业转移的推动,技术创新将成为重要的驱动力,影响着产业结构调整和贸易流量的变化。同时,市场需求的变化也将影响到产业转移的方向和速度,进而影响贸易流量的规模和构成。因此,我们需要深入研究产业转移对贸易流量的影响机制,以更好地理解产业转移与贸易关系的内在联系。

在政策层面,针对产业转移对贸易流量的影响,应积极制定相关政策措施,促进多边合作和产业协同发展,以实现贸易优势互补和协同效应,推动全球贸易更加均衡和可持续发展。同时,应适时调整产业政策,提高产业核心竞争力和在全球价值链中的地位,进一步推动产业升级和创新发展,以更好地适应全球产业变迁的趋势。

(三)对相关政策的影响和建议

针对产业转移对贸易流量的影响,制定相关政策是至关重要的。

首先,政府可以制定更加灵活的贸易政策,以适应产业转移的趋势。调整关税、减少贸易壁垒,可以鼓励更多企业参与国际贸易,促进贸易流量的增加。

其次,政府在制定产业政策时,应该考虑到产业转移的影响,制定有针对性的产业政策,推动产业结构优化调整,提升产业竞争力,从而对贸易流量产生积极影响。

最后,政府应积极推动区域和跨国合作与协调,共同应对产业转移带来的挑战。

对于企业而言，需要根据产业转移的趋势调整自身的发展战略。企业可以加大对贸易流量大国市场的开拓力度，积极寻求与当地企业合作，以提升在海外市场的竞争力。企业也应该关注国际贸易规则的变化，遵循国际贸易法规，规避潜在的贸易风险，确保贸易流量稳定增长。

建议在政策制定和企业策略调整过程中，应充分考虑产业转移对贸易流量的影响，注重将政策与市场需求结合起来，促进贸易流量稳步增长，推动经济全球化进程。产业转移带来的机遇和挑战并存，只有在政策制定和实施过程中紧密配合，我国才能实现贸易流量的持续增长，增强在国际贸易中的竞争力。

三、产业转移对贸易竞争力的影响

（一）产业转移与贸易竞争力的关系

产业转移往往会导致生产要素的重置，包括劳动力、资金和技术等。这种要素的重置将直接影响到各个产业的竞争力。

随着产业转移的不断加剧，跨国企业的布局越来越多样化，从而引发跨国贸易活动进一步增加。这种贸易活动的增加将对各个产业的竞争力产生深远影响。

产业转移往往伴随技术创新和知识产权的竞争。在这种竞争中，拥有优势技术和知识产权的企业能够在国际市场上占据更有利的竞争地位，从而提升整体贸易竞争力。

产业转移还会引发国际市场价格波动，从而影响各个产业的出口竞争力和市场份额。因此，产业转移与贸易竞争力之间存在深刻的内在联系，需要深入研究和分析其具体影响机制和效应。

（二）产业转移对贸易竞争力的影响机制

产业转移对贸易竞争力的影响机制是一个复杂而深远的议题，涉及多因素的交互作用。

首先，产业转移可能会改变产业链上下游的生产格局与结构，从而影响到企业在全球贸易市场上的竞争地位。这种影响机制主要表现在成本、技术和市场准入等方面。

其次，产业转移会引起企业生产效率和竞争力的变化，通过重新规划生产布局和加大科技投入，企业有机会提升自身竞争力，从而在国际贸易中取得更好的市场份额。这一过程也涉及人才、资金和管理等方面的资源优化配置。

再次，产业转移可能导致产业结构和价值链的重新梳理，推动产业升级和转型，从而对贸易竞争力的提升产生积极的促进作用。

最后，产业转移本身是全球化经济发展过程中的重要组成部分，其影响机制还需要在国际贸易政策、全球价值链布局和地区经济整合等多个层面进行深入研究。

(三)对相关政策的影响和建议

相关政策既是产业转移的推动力，又能显著影响企业的贸易竞争力。政府的引导性政策对产业转移至关重要。政府可以通过优惠税收政策、引进外资政策等手段，引导企业进行产业转移，从而实现经济结构的调整与升级。政策的稳定性和连续性对企业的战略决策有着重要的影响。企业在进行产业转移时，需要考虑政策环境的稳定性，以确保投资与发展的长期可持续性。政策制定者应当密切关注国际贸易环境的变化，灵活调整政策以适应新的贸易形势。政府应该根据产业转移对贸易竞争力的影响，及时调整出口政策和贸易保护政策，保障本国企业在竞争中的地位，推动贸易健康发展。

四、产业转移对贸易条件的效应

(一)贸易条件的定义与特性

贸易条件指的是影响国际贸易活动和贸易效益的各种因素，包括但不限于政治、经济、文化、技术等方面的条件。不同国家和地区的贸易条件可能存在较大差异，这种差异往往会影响到各国之间的贸易合作关系和贸易水平。贸易条件的独特性及其对贸易发展的重要性需要我们加以深入研究和探讨。

贸易条件具有多样性和复杂性。在国际贸易中，贸易条件是非常灵活多变的，受到诸多因素的综合影响。政治环境、经济状况、市场需求、技术发展等方面的变化都可能对贸易条件产生直接或间接的影响。贸易条件的特性还表现为涉及范围广泛、影响深远。贸易条件不仅体现为贸易商品本身的特点，还包括了货物的品质、价格、市场需求、政策法规等多个因素。这些因素共同构成了贸易条件的复杂性和多面性，对研究产业转移以及贸易条件的影响提出了更高的要求。

(二)产业转移对贸易条件的影响

产业转移会改变各国的生产要素配置,进而对贸易条件产生影响。生产要素的转移会改变各国的资源利用,从而改变各国的比较优势,进而影响国际贸易的条件。产业转移会对市场结构和竞争格局产生重大影响,进而影响贸易条件。产业转移可能导致市场结构的变化,包括市场份额的调整、竞争的加剧等,从而对贸易条件的形成和发展产生影响。

(三)对相关政策的影响和建议

在产业转移背景下,相关政策的制定和执行尤为重要。针对产业转移现象,政府应当审慎制定产业政策和贸易政策,以引导和促进产业结构优化调整。政府可以采取支持措施,如税收优惠、补助政策等,鼓励企业参与产业升级和技术创新,以应对产业转移带来的挑战。政府还应当加强对外贸政策的调整,促进贸易便利化和自由化,提升企业的国际竞争力。

针对产业转移对贸易条件的影响,政府可以通过适度干预,制定贸易调控措施,保护本国产业的利益,同时推动贸易结构优化。此外,政府还可以加强与其他国家的合作,促进贸易多元化,降低对单一市场的依赖,从而提高贸易条件的稳定性和可持续性。

产业转移对贸易条件的影响是一个复杂而多层次的过程,政府在制定相关政策时需全面考虑产业发展、贸易结构和国际竞争力等因素,以实现产业转移对贸易条件的积极影响。为此,政府应当不断优化政策环境,提升产业创新能力,推动贸易条件持续改善,为经济发展和贸易合作提供更加稳定的基础。

第二节　产业转移对投资的影响

一、产业转移对投资区域的影响

(一)产业转移对投资区域经济发展的影响

产业转移指的是制造业或服务业企业由一个国家或地区转移到另一个国家

或地区的过程。产业转移的形式和动因多种多样。产业转移不仅是企业自身的选择,也受到市场需求、政策环境、成本考量等因素的影响。

产业转移会导致经济结构的调整和变迁。随着产业的转移,投资区域的产业结构会发生较大变化,新的产业形态可能会取代传统产业,从而带动当地经济转型升级。这种经济结构的调整会带来就业机会的变化,一方面可能会造成部分行业人才短缺,但另一方面也会为当地劳动力提供更多的选择机会。

产业转移会对投资区域的产业链条和价值链条产生影响。新的产业转移进入,可能会带动整个产业链的发展,促进更多产业集群形成,进而推动整个地区经济协同发展。同时,随着新产业的引入,原有的产业链条可能会受到冲击,需要进行结构调整和升级。

产业转移也会对投资区域的资源配置产生重要影响。新产业的引入可能带来新的资源需求和供给,需要对当地资源进行重置和合理利用。同时,针对转移过程中可能出现的资源浪费和环境破坏等问题,需要加强监管和规范,确保资源的可持续利用和环境的可持续发展。

(二)产业转移对投资区域社会发展的影响

产业转移可能会给投资区域带来人口结构的变化。随着产业的转移,大量外来务工人员和技术人才进入投资区域,导致了人口的流入和流出,从而对当地的人口结构产生影响。这种人口结构的变化可能会影响到社会的稳定与发展。

产业转移会对投资区域的职业结构产生重要影响。随着新产业的进入和老产业的退出,投资区域的职业结构将发生改变。部分传统产业的消失会导致相关从业人员失业,而新兴产业的涌入则需要大量新的技术人才和从业人员,这种职业结构的变化会对当地社会经济产生深远影响。

产业转移会为投资区域的社会保障体系带来挑战和机遇。随着产业的转移,企业经营环境的变化可能会影响到企业对员工的社会保障及福利保障,必要时还需要调整相关政策和措施来适应新的形势。产业转移也可能促进投资区域社会保障体系的创新与完善,从而提升社会保障水平。

二、产业转移对投资主体和投资方式及投资风险的影响

(一)产业转移对投资主体的影响

产业转移可能会导致原先的投资主体面临风险与机遇并存的局面。从风险

角度看，产业转移可能使原先的投资主体面临生存困境。例如，某些地区的产业升级或转移可能导致原投资主体的市场份额下降、竞争加剧、利润减少等问题。这对那些过度依赖特定产业的投资主体可能产生较大的负面影响。

产业转移为一部分投资主体带来了新的发展机遇。例如，产业转移可能会带来新的市场需求、新的产业合作伙伴等。这些变化可能为某些投资主体带来更广阔的发展空间，促使他们调整经营战略，寻找新的竞争优势点，以更好地适应产业转移带来的新形势。在这个过程中，一些具备创新精神和战略眼光的投资主体或许能够抓住机遇，实现自身的转型升级。

产业转移对于投资主体的影响是多维度的，既有风险挑战也有发展机遇。投资主体在面对产业转移时，需要审时度势，灵活调整战略，注重创新与转型，以适应新的产业环境，实现自身的可持续发展。

（二）产业转移对投资方式的影响

在产业转移背景下，传统的投资方式可能不再适用于新的产业发展模式，因此投资主体需要重新审视并调整其投资方式。产业转移导致了新兴产业的涌现，而这些新兴产业常常具有较高的风险性和不确定性，传统的投资方式可能无法有效应对这种新形势。因此，投资主体需要更加灵活地调整投资方式，更注重风险管理和投资回报率的平衡。

随着产业结构的调整和产业链的重构，投资方式在不断演进。例如，随着数字经济、人工智能等新兴产业的兴起，对于投资主体而言，对技术创新和数字化转型的投资成为当务之急。这种基于创新和科技的投资方式，不仅可以提升企业的竞争力，还可以推动产业升级和转型。因此，投资主体需要更加注重前瞻性和战略性，积极拥抱新技术、新模式，以应对产业转移带来的挑战和机遇。

投资方式的变迁意味着投资主体需要借助新的金融工具和投融资渠道。随着产业结构的调整和全球化趋势的加剧，跨境投资、并购重组等形式正日益成为投资主体的选择。对于投资主体而言，深入了解各种投资方式的特点和优势，灵活运用不同的投资工具，将有助于提高投资收益和降低投资风险。因此，在面对产业转移带来的挑战时，投资主体需要不断创新，不仅在投资方式上灵活变通，还要积极拓展投资渠道，寻找适合自身发展的投资模式。

产业转移对投资方式的变迁提出了新的要求和挑战，投资主体应当深刻理解产业变迁的背景和趋势，不断调整和优化投资方式，以适应新的市场环境和产业格局。只有不断创新、灵活应变，投资主体才能在产业转移的大潮中保持竞争优势,实现长期稳定的投资收益。

(三)产业转移对投资风险的影响

在全球化和经济发展的大背景下,产业转移导致市场竞争加剧,不同地区的产业间的竞争让投资者面临更加复杂和不确定的市场环境。这种激烈的市场竞争使得投资者观望情绪增加,对投资决策形成了一定的阻碍。产业转移带来的供需关系变化也直接影响了投资风险评估与控制。原本市场需求旺盛的地区由于产业向他处转移,可能迅速转变为过剩产能,而投资者很难在这种动荡不安的情况下作出准确的预测。

产业转移改变了投资者对于宏观经济走势的判断,可能受到一些非经济因素的干扰,如政策环境的不确定性、地缘政治的变动等。这些外部因素使投资者在进行决策时更加谨慎,并加大了投资的不确定性和风险。同时,产业转移也带来了技术更新换代的压力,投资者需要不断升级技术设备以适应新的产业环境,这也增加了投资的成本和风险。

为了应对产业转移带来的投资风险,投资者需要更加注重风险管理和战略规划。他们可以通过加强市场调研、优化投资组合、建立灵活的风险管理机制来应对市场波动和不确定性。此外,加强与政府、行业协会等相关方的沟通和合作,获取更多的信息和资源支持也是降低投资风险的有效途径。最重要的是,投资者需保持敏锐的市场洞察力和灵活的应变能力,及时调整投资策略,以应对产业转移带来的挑战与机遇。

三、对投资环境的优化

(一)产业转移对投资环境的影响

产业转移加速了投资环境的变迁与演变。随着产业不断向更有利的区域转移,原本的产业结构和投资布局将面临调整,投资环境的供给与需求也将发生较大的变化。

产业转移对投资环境的地域优势和劣势产生了新的考验。一些传统产业区域面临产业向更先进、高附加值的区域转移的压力,从而要求这些区域必须提升自身的投资环境,以吸引和留住投资。

产业转移对投资环境的优化提出了更高的要求。转移来的新产业需要更好的投资环境支撑其发展，而原有产业则需要抓住机遇，通过调整和优化投资环境，实现新旧产业有机融合，提升整体的投资环境竞争力。

（二）投资环境优化的必要性

在当前全球化和市场化的潮流下，产业转移日益成为各国经济发展中的热点议题。在这一背景下，对投资环境的优化显得尤为重要。产业转移对投资环境的影响主要体现在增加了竞争的压力、带来了技术更新和产业结构调整的需要、打破了传统产业的壁垒等方面。尤其是随着国际贸易和跨国投资的增加，各地投资环境之间的竞争越发激烈，因此优化投资环境已经成为各国吸引资金和技术的重要手段。

投资环境的优化不仅关乎一个地区的经济发展和产业布局，而且具有战略意义。在全球经济一体化的大背景下，良好的投资环境可以吸引更多的国际资本流入，推动地区经济快速发展。优化的投资环境能够提升地区的综合竞争力，吸引更多的高新技术企业和人才聚集，推动产业创新发展和升级。此外，稳定、透明、便利的投资环境也符合投资者的利益诉求，能够增强其投资信心，促进长期稳定投资。最重要的是，优化的投资环境能够促进产业结构的升级和优化，推动经济可持续发展。

在当前全球经济动荡不安的环境下，投资环境的优化显得尤为紧迫。只有不断加强法治建设、优化政策环境、提升服务水平、加强知识产权保护等，才能吸引更多的投资，推动地区经济稳定增长。同时，还需要不断加强国际合作，共同应对投资热点和挑战，保护全球投资制度的公平与透明。只有不懈努力，才能最终实现投资环境的优化，促进产业升级，实现经济的可持续发展。

（三）投资环境优化的策略

1.加强政府政策引导

借助政府政策的引导，通过提供税收优惠、土地优惠等方式来吸引更多的投资者。政府可以设立产业基金，用于支持新兴产业的发展，为投资者提供更为稳定和优惠的投资环境。

2.加强基础设施建设

投资区域的基础设施建设对投资者来说至关重要，它直接影响着投资者的生产效率、成本控制和市场拓展。因此，政府需要加大对基础设施建设的投入，提高基础设施水平，为投资者提供更好的运营环境。

3.优化营商环境

政府可以简化投资审批程序，减少投资者的行政成本，提高审批效率。同时，建立健全的法律法规体系，保护投资者的合法权益，增强投资者的信心，吸引更多的投资者进入投资区域。

4.加强人才培养和科技创新

提供优质的人才资源和科技支持，可以吸引更多高端人才和科研团队落户投资区域，推动当地经济创新升级，提高投资者的核心竞争力。

（四）投资环境优化的实施和效果

在实践中，为了有效应对产业转移给投资环境所带来的挑战，必须采取积极措施来优化投资环境。

首先，建立健全法律法规体系是优化投资环境的重要一环。完善相关法律法规，保障投资者的合法权益，提高投资的预期稳定性和可预测性，为投资主体提供更为可靠的投资环境。

其次，优化政府服务是关键举措。政府部门应当简化投资审批程序，提高工作效率，并加强对投资项目的监管和服务，为投资主体提供更好的服务保障。

最后，在投资环境优化过程中，需要加强宣传引导和交流合作。利用各类媒体宣传投资政策和环境优势，吸引更多的投资主体来到投资区域投资兴业，加强国际合作交流，引进更多的外部资源，共同促进当地经济持续发展。

实施投资环境优化措施的效果将是显著的。

首先，可以吸引更多的优质投资项目进入投资区域，推动当地经济结构升级和产业发展。

其次，优化的投资环境将提高当地的投资吸引力，增加外部投资的流入，促进区域经济繁荣。此外，投资环境的不断优化也会增强当地产业竞争力，提高企业的创新动力和发展活力。

最后，良好的投资环境将进一步提高当地居民的生活水平，促进社会稳定和可持续发展。

四、应对产业转移的投资策略

(一)面对产业转移的投资策略选择

在面对产业转移这一现象时,投资者可以考虑扩大现有产业的规模和产能,以适应转移后的市场需求。这种策略可以降低新市场进入难度,同时也能减少部分转移成本,有利于投资者更加顺利地适应市场变化。

在面对产业转移这一现象时,投资者亦可以选择投资新兴产业领域,抓住产业转移带来的机遇,实现投资多元化和优化配置。这种策略在一定程度上能够降低市场风险,创造更高的回报率。

在面对产业转移这一现象时,投资者还可以考虑与当地政府合作,共同制定相关政策措施,共同应对产业转移带来的挑战和机遇。政府支持和投资者合作,可以更有效地推动产业升级和转移进程,实现双方共赢。在选择投资策略时,投资者应当充分考虑市场需求、产业发展趋势和政策环境,制定可持续发展的投资规划,以应对产业转移所带来的复杂局面。

(二)应对产业转移的投资风险管理

如何有效地识别、评估并控制投资风险,直接关系到投资者的利益保障和项目的可持续发展。

首先,投资者应谨慎分析产业转移可能带来的风险因素,包括市场需求变化、政策法规调整、人才流失等方面的风险。

其次,建立健全的风险管理机制,包括制定明晰的风险评估指标和风险管理流程,及时发现并应对潜在的风险隐患。

最后,加强与相关部门、企业和专业机构的沟通合作,及时获取产业转移相关信息和政策动向,为投资决策提供有力支持。在实施投资项目过程中,应坚持风险可控、稳健经营原则,避免盲目跟风和冒进行为,确保投资项目长期稳健发展。

为了更好地管理投资风险,投资者还需要关注外部环境的变化,随时调整投资战略和措施。一方面,积极应对宏观经济形势的波动,及时调整资金结构和产业布局,灵活应对市场变化;另一方面,加强内部管理,提升企业运营能力和风险防范能力,建立完善的风险管理体系。此外,注重利用信息技术手段,建立风险监控平台,实时监测和分析投资项目的运行情况,及早发现并应对潜在风险。最重要的是，投资者应树立风险意识，保持谨慎和审慎的投资态度，在投资决策中坚持风险和收益平衡，避免盲目乐观和投机行为。

第三节　产业转移对产业链的影响

一、产业转移对产业链结构的影响

产业转移作为一种全球化趋势，推动了产业链结构的重塑与优化。随着生产要素向成本更低的地区转移，原产业链结构中的某些环节可能会发生变化，从而重置整个产业链的布局。

产业转移加速了产业链的全球化整合。跨国公司在不同国家间建立跨境产业链，形成全球化供应链网络，以实现产业资源的优化配置和风险分散。

产业转移促进了产业链创新机制的升级。跨国公司为了适应不同国家的市场需求和法律法规，可能会在全球范围内进行研发和创新，从而推动产业链结构朝着高附加值、高技术含量的方向发展。

在产业转移影响下，产业链结构的改变也带来了一系列挑战和机遇。产业链上的不同环节之间可能会出现新的协作模式和价值创造方式，传统的产业链结构被打破，新兴的产业生态系统逐渐形成。同时，产业链结构的重置也可能导致一些环节的割裂和失衡，需要企业和政府及时应对与调整，保持整个产业链的协同运作和竞争优势。

二、产业转移对产业链价值链的影响

（一）产业链价值链的定义与构成

产业链价值链指的是在一个完整的产业链上，各个环节之间通过价值的增值和传递形成的连续性。产业链价值链的构成主要包括原材料采购、生产加工、产品销售等环节。这些环节是相互关联、相互依存的，构成了一个完整的产业链条。在这个链条上，每个环节都承担着特定的功能和责任，共同推动着产业链运转和发展。

（二）产业转移对产业链价值链的影响路径

在产业发展过程中，价值链是由一系列相互关联的活动构成的，这些活动包

括原材料采购、生产加工、产品销售等，形成了产品从生产到消费的完整链条。产业转移作为一个重要的经济现象，对产业链价值链的影响路径是多方面的。产业转移会导致生产要素重置，从而影响价值链各个环节的效率和质量。例如，将生产基地迁往劳动力成本较低的地区，可能会导致原材料供应链的延长、生产环节的变化等，从而影响最终产品的价值链。产业转移会带来产业链上下游企业间合作模式的变化，也会影响价值链中的合作关系和利益分配。这种影响路径不仅使企业之间的合作关系发生变化，同时也会改变整个产业链的运作模式和效率。

产业转移还会对产业链升级产生影响。通过产业转移，原本落后的地区可能因为吸引了新的产业链进驻而实现产业结构的升级。这种影响使得产业链中的各个环节得以优化，推动了整个价值链的升级。我们通过案例分析也可以看到，产业转移不仅改变了企业的竞争力，也刺激了整个产业链的更新换代，从而提升了该地区在全球价值链中的地位。

产业转移对产业链价值链的影响路径是一个复杂的过程，它不仅改变了产业链中各个环节的运营方式，也推动了价值链的优化和升级。企业需要根据产业转移的影响路径，积极调整生产经营策略，顺应市场需求，实现产业链的升级发展。

三、产业转移对产业链效率的影响

(一)产业链效率的测度方法

在研究产业链效率的过程中，为了准确评估产业链在实际运作中的效率，需要确定合适的测度方法。产业链效率的测度方法涉及对多个方面的考量，包括资源利用效率、生产效率、管理效率等。其中，生产率指标是一个重要的测度指标，它可以通过比较单位时间内所生产的产品数量与所消耗的资源量来评估产业链的生产效率。另外，还可以考虑成本效率指标，即在实现一定产出水平的情况下，产业链所消耗的成本与所达成的产值之比。

供应链效率是衡量产业链效率的重要指标之一。供应链效率的高低直接影响着生产和流通环节的协调与配合程度，从而影响整个产业链的运作效率。因此，在测度产业链效率时，需要综合考虑生产效率、成本效率和供应链效率等多个指标，以全面评估产业链的整体运行状况。

除了内部指标，外部环境因素也会对产业链效率的测度产生影响。例如，市场需求的波动、政策法规变化以及国际市场竞争等因素都会对产业链的运行效率产生影响。因此，在进行产业链效率测度时，需要综合考虑内外部因素的影响，确保评估结果的客观性和准确性。

（二）产业转移对产业链效率的影响分析

在分析产业转移对产业链效率的影响时，需要从多个角度来审视这一问题。产业转移可能导致产业链内部生产环节的重新规划和布局，从而影响到供给链和生产效率。这种变化可能引起生产过程中资源的重新分配，从而影响到生产效率的提升或下降。在产业转移过程中，企业可能面临新的市场竞争环境和供应链体系，这也会对产业链效率产生影响。例如，转移后的企业可能需要重新寻找合适的供应商和客户，这个过程可能会带来一定的调整成本和时间成本，从而影响到产业链的运作效率。

产业转移还可能影响到产业链的协同效应和创新能力。在传统产业链中，企业之间通常存在紧密的协同关系，共同合作完成生产任务。而当产业转移发生时，原有的合作关系可能会被打破，企业需要重新寻找合作伙伴，这可能会对产业链协同效应产生一定的负面影响。同时，产业转移也会影响到产业链中企业的创新活动。在新的生产环境下，企业需要面对更大的市场需求和技术挑战，这会激励企业加大研发投入和创新力度，从而推动整个产业链创新能力的提升。

四、产业转移对产业链升级的影响

（一）产业链升级的理论框架

在研究产业链升级的过程中，需要建立一个清晰的理论框架来指导研究方向和分析方法。产业链升级是指在产业结构调整和技术进步的推动下，产业链上的企业不断提升自身技术水平和附加值，从而实现整个产业链逐步向高附加值和高端市场延伸的过程。这一过程通常伴随产业结构的优化和价值链的重构，对整个产业链的升级和发展起着至关重要的作用。

产业链升级的理论框架主要包括产业链的结构、发展路径、驱动因素以及升级机制等方面。产业链结构是产业链升级的基础和重要依托，它呈现出纵向分工、横向关联、产业集群等特征，需要通过技术创新、人才培养、市场拓展等手段不断完善和优化。产业链的发展路径与产业发展阶段、技术演进、市场需求等密切相关，需要通过产业政策、战略规划、跨界合作等方式引导产业链向着高端、智能和绿色方向发展。

(二)产业转移对产业链升级的影响研究

在当前全球化背景下,产业转移已成为各国经济发展的重要议题。产业链升级作为产业发展的必然趋势,受到产业转移的影响更加凸显。产业转移所带来的变化不仅仅是产业结构的转移,更是整个产业链的重构。下面研究产业转移对产业链升级的影响,并探讨其中的机理与效果。

产业转移作为一种重要的产业发展方式,会在一定程度上触发产业链的升级。通过产业转移,企业可以更加高效地利用资源,降低生产成本,提高产品质量,从而推动整个产业链向着更高附加值方向迈进。例如,某地区传统的纺织产业通过引进先进技术和设备,将生产模式升级为智能制造,实现了从低端产品向中高端产品的升级,带动了整个产业链的优化和升级。

产业转移会带来产业链长度和深度的调整。随着产业转移引入新产业元素和新技术,产业链中原有的环节会发生变化或调整,新的环节也被引入产业链中。这种调整过程会推动产业链向更为完整和复杂的方向发展,加强了产业链中不同环节间的衔接与协同。通过技术创新和产业共享,产业链升级的步伐将进一步加快。

产业转移还会为产业链升级带来区域合作与协同的机会。在产业链升级的过程中,跨地区的产业合作逐渐得到加强,形成了更加完善的产业生态系统。产业转移的推动使得各地区在不同环节上相互补充,促进了资源优化配置和产业结构优化升级,从而共同推动了整个区域的产业链升级。

参考文献

[1]陈肖飞，苗长虹.产业转移背景下企业网络建构理论与实践[M].北京：中国社会科学出版社，2023.

[2]周伟.京津冀产业转移升级与空间分布[M].北京：首都经济贸易大学出版社，2022.

[3]高悦洋.国有企业的产业经济学分析[M].太原：山西经济出版社，2022.

[4]陈凡.我国产业转移对区域协调发展的影响及机制研究[M].北京：经济科学出版社，2022.

[5]王缉慈.探索产业区位[M].北京：人民教育出版社，2022.

[6]原小能.产业经济学[M].北京：中国人民大学出版社，2022.

[7]刘振中.供应链视角下生产性服务协同产业发展与转移研究[M].北京：中国市场出版社，2022.

[8]谢呈阳，胡汉辉.产业转移与区域创新发展[M].南京：东南大学出版社，2020.

[9]刘友金，刘天琦.产业集群式转移与产业链跨区域整合[M].北京：经济管理出版社，2021.

[10]宋敬敬，丁纯刚，潘继元.产业发展与区域经济增长研究[M].北京：线装书局，2022.

[11]雷鹏飞.基于碳金融发展视阈的产业转移研究[M].北京：经济科学出版社，2021.

[12]孙晓华.中印产业结构变动与经济增长比较[M].北京：社会科学文献出版社，2022.

[13]赵剑峰.产业转移视角下京津冀协同碳减排机制研究[M].北京：经济管理出版社，2021.

[14]谭志雄.产业集聚与新型城镇化互动发展研究[M].北京：中国社会科学出版社，2023.

[15]卢福财.产业经济学[M].北京：高等教育出版社，2022.